Balsem voor de ziel

Als er licht is in de ziel,
zal er schoonheid zijn in de mens.
Als er schoonheid is in de mens,
zal er harmonie zijn in het huis,
Als er harmonie is in het huis,
zal er rust zijn in het land.
Als er rust is in het land,
zal er vrede zijn op aarde.

CHINEES GEZEGDE

Wij dragen dit boek op aan onze echtgenoten, Georgia en Patty, en onze kinderen Christopher, Oran, Kyle, Elizabeth en Melanie, die de balsem zijn voor onze ziel. Jullie openen elke keer weer ons hart en wakkeren onze geest aan. Wij houden van jullie.

Veel geluk, ik duim voor je

Inhoud

Inleiding

1. Over liefde
Liefde: de enige creatieve kracht *Eric Butterworth* 17
Het enige dat ik me herinner *Bobbie Probstein* 19
Een lied uit het hart *Patty Hansen* 22
Echte liefde *Barry en Joyce Vissell* 24
De knuffelende rechter *Jack Canfield en Mark V. Hansen* 25
Hier kan het niet? *Jack Canfield* 29
Het gaat erom wie je bent *Helice Bridges* 32
Eén voor één *Jack Canfield en Mark V. Hansen* 34
Het cadeautje *Bennett Cerf* 35
Zo'n broer! *Dan Clark* 36
Moed *Dan Millman* 38
Grote Ed *Joe Batten* 39
Liefde en de taxichauffeur *Art Buchwald* 42
Een eenvoudig gebaar *John W. Schlatter* 44
De glimlach *Hanoch McCarty* 46
Amy Graham *Mark V. Hansen* 49
Een verhaal voor Valentijnsdag *Jo Ann Larsen* 52
Carpe diem *Alan Cohen* 55
Ik ken jou. Je bent net als ik! *Stan Dale* 60
Een lieve lust *Fred T. Wilhelms* 63
Bopsy *Jack Canfield en Mark V.Hansen* 65
Jonge hondjes te koop *Dan Clark* 68

2. Leren van jezelf te houden
De Gouden Boeddha *Jack Canfield* 73
Begin bij jezelf *Anoniem* 76

Niets dan de waarheid! *Dallas Morning News* 77
Alle honken bezet *Onbekend* 78
Hoe ik mijn zelfverzekerdheid uitte *Virginia Satir* 79
De zwerfster *Bobbie Probstein* 81
Regels voor het mens-zijn *Anoniem* 83

3. Over ouderschap

Kinderen leren wat ze leven *Dorothy L. Nolte* 87
Waarom ik mijn pa als vader heb uitgekozen *Bettie B. Youngs* 89
De dierenschool *George H. Reavis* 96
Aangeraakt *Victor Nelson* 98
Ik hou van je, m'n jongen *Victor B. Miller* 101
Wat je bent is minstens zo belangrijk als wat je doet *Patricia Fripp* 103
Het perfecte gezin *Michael Murphy* 104
Maak van je hart geen moordkuil *Gene Bedley* 108

4. Over leren

Een toekomst maken *Frank Trujillo* 113
Nu vind ik mezelf wel aardig *Everett Shostrom* 114
Al het goede *Helen P. Mrosla* 115
Je bent een wonder *Pablo Casals* 119
Al doende leert men *John Holt* 120
De hand *Bron onbekend* 121
Het jongetje *Helen E. Buckley* 122
Ik ben onderwijzer *John Schlatter* 126

5. Maak je dromen waar

Maak het waar *Dan Clark* 131
Volgens mij kan ik het best *Michele Borba* 132
R.I.P: de begrafenis van Ik-kan-niet *Chick Moorman* ... 134
Het 333-verhaal *Bob Proctor* 138
Vragen, vragen, vragen *Jack Canfield en Mark V. Hansen* 141
Voelde jij ook dat de aarde bewoog? *Hanoch McCarty* . 144
Tommy's bumpersticker *Mark V. Hansen* 146
Als je niets vraagt, krijg je ook niets – als je het wel doet, wel *Rick Gelinas* 151

De zoektocht van Rick Little *Naar Peggy Mann* 154
De magie van 'ergens in geloven' *Edward J. McGrath jr* 158
Glenna's droomalbum *Glenna Salsbury* 159
Weer een nummer afgevinkt *John Goddard* 162
De discjockey *Jack Canfield* 166
Ergens een offer voor willen brengen *John McCormack* 169
Iedereen heeft een droom *Virginia Satir* 172
Doe wat je hart je ingeeft *Jack Canfield* 174
De sigarendoos *Florence Littauer* 176
Bemoediging *Nido Qubein* 179
Walt Jones *Bob Moawad* 180
Kun je wel tegen kritiek? *Theodore Roosevelt* 184
Risico's nemen *Patty Hansen* 185
Service met een glimlach *Karl Albrecht en Ron Zenke* .. 186

6. Hindernissen overwinnen

Hindernissen *Victor E. Frankl* 189
Denk hier eens aan *Jack Canfield en Mark V. Hansen* .. 190
John Corcoran – de man die niet lezen kon *Pamela Truax* 193
Abraham Lincoln zette door *Abraham Lincoln* 196
Een lesje van mijn zoon *Danielle Kennedy* 198
Mislukt? Nee hoor, gewoon wat tegenslag *Dottie Walters* 202
Om creatiever te kunnen zijn, wacht ik... *David B. Campbell* 206
Iedereen kan iets *Jack Canfield* 209
Jawel, je kunt het *Jack Canfield en Mark V. Hansen* ... 212
Rennen, Patti, rennen... *Mark V. Hansen* 214
De kracht te weten wat je wilt *Burt Dubin* 216
Vertrouwen *Roy Campanella* 218
Zij redde 219 mensen het leven *Jack Canfield en Mark V. Hansen* 220
Kom je me helpen? *Mark V. Hansen* 223
Nog één keer dan *Hanoch McCarty* 225
Luister naar mensen die het gemaakt hebben *Bob Richards* 227

7. Wijsheid uit verschillende bronnen

Afgesproken! *Florence Littauer* 231
Neem even de tijd om goed op te letten *J. Michael Thomas* 233
Als ik mijn leven mocht overdoen *Nadine Stair* 236
Twee monniken *Irmgard Schloegl* 238
Sachi *Dan Millman* 239
Het geschenk van de dolfijn *Elizabeth Gawain* 240
De hand van de Meester *Myra B. Welch* 242

Lijst van medewerkers 244

Inleiding

We weten alles wat we weten moeten om een eind te kunnen maken aan het nodeloze emotionele lijden dat veel mensen tegenwoordig ondergaan. Zelfrespect en succes zijn wel degelijk bereikbaar voor ieder die daar tijd en aandacht aan besteedt.

Het valt niet mee om de sfeer van een voordracht over te brengen in een geschreven tekst. De verhalen die wij in ons werk dagelijks uitdragen, moesten soms wel vijf keer herschreven worden voordat ze in die geschreven vorm net zo goed overkomen als mondeling. Probeer ze alsjeblieft niet in hoog tempo tot je te nemen, maar lees langzaam. Probeer ze niet alleen met je verstand te begrijpen, maar ook met je hart aan te voelen. Laat elk verhaal goed tot je doordringen. Laat je erdoor aanraken. Vraag jezelf af wat het in je oproept, wat de mogelijke consequenties ervan zijn voor jouw leven, wat voor gevoel of wat voor actie het bij jou persoonlijk oproept. Probeer bij elk verhaal te bedenken wat het persoonlijk voor je betekent.
Sommige verhalen zullen je meer aanspreken dan andere. Sommige zullen een diepere betekenis voor je hebben dan andere. Bij sommige heb je misschien de neiging om te gaan huilen, bij andere om in de lach te schieten. Soms zul je er een warm gevoel van krijgen, en soms zul je het gevoel hebben dat je een dreun hebt gekregen. Nooit is er één enkele voorgeschreven goede reactie. Het gaat steeds om jouw reactie. Laat die maar gebeuren, laat die maar bestaan.
Haast je niet met lezen. Neem er de tijd voor. Geniet ervan. Probeer te proeven wat het gelezene bij je oproept. Stort je er met je hele wezen in. Het is de neerslag van het allerbeste van ons beider veertig jaar levenservaring.

Nog één ding. Lezen van een boek als dit lijkt een beetje op aanzitten aan een maaltijd die alleen uit toetjes bestaat en die daardoor misschien een beetje te machtig is. Het is een maaltijd zonder groenten, sla of brood. Alles is ingedikt; er zit geen luchtig sausje overheen.

In onze werkgroepen en seminars nemen we de tijd om de verhalen over te brengen en bespreken we steeds wat er is af te leiden uit de afzonderlijke verhalen. Er zullen steeds verschillende verklaringen en verschillende manieren zijn waarop de lessen en principes in jouw persoonlijke leven toegepast kunnen worden. Lees dus de verhalen niet alleen, maar probeer ze ook te verteren en ze je eigen te maken.

Als je zin hebt om met een ander over een verhaal te praten, doe dat dan. Als je bij het lezen van een verhaal aan iemand anders moet denken, bel die ander dan op en maak hem of haar er deelgenoot van. Concentreer je en volg de impulsen die onder het lezen bij je opkomen. De verhalen zijn ervoor bedoeld je te inspireren en te motiveren.

Bij veel van de verhalen zijn we teruggegaan naar de oorspronkelijke bron en hebben we de mensen gevraagd ze in hun eigen woorden na te vertellen of op te schrijven. Vaak gebruiken we hun bewoordingen, niet de onze. Voor zover mogelijk hebben we bij elk verhaal vermeld van wie het afkomstig is.

We hopen dat je het boek met evenveel plezier zult lezen als waarmee wij het geschreven hebben.

1

OVER LIEFDE

Nu we de ruimte, de wind, de getijden en de zwaartekracht bedwongen hebben, zal eens de dag komen dat we voor God de kracht van de liefde tot ons heil zullen aanwenden. Op die dag zal blijken dat we voor de tweede keer in de wereldgeschiedenis het vuur uitgevonden hebben.

Teilhard de Chardin

Liefde: de enige creatieve kracht

Waar je ook bent, geef mensen liefde. Om te beginnen thuis. Geef je kinderen liefde, je vrouw of je man of degene die naast je woont... Zorg ervoor dat ieder die met je spreekt zich daardoor beter en gelukkiger zal gaan voelen. Wees het levende getuigenis van Gods goedheid: toon goedheid in je oogopslag, in de manier waarop je kijkt, in je glimlach en in de wijze waarop je mensen tegemoettreedt.

Moeder Teresa

Er was eens een professor in de sociologie, die zijn studenten er in de sloppenwijken van Baltimore op uitstuurde om van tweehonderd jongens het levensverhaal op te tekenen. Vervolgens kregen ze de opdracht voor ieder van deze jongens een toekomstvoorspelling te geven. In alle gevallen luidde het oordeel van de studenten: 'Wordt niks met hem. Geen schijn van kans.' Vijfentwintig jaar later stuitte een andere hoogleraar sociologie op de gegevens van dit oude onderzoek. Hij gaf zijn studenten opdracht een vervolgonderzoek te doen. Tien procent van de tweehonderd jongens bleek met onbekende bestemming vertrokken of overleden te zijn, maar van de resterende 180 waren er 176 meer dan gemiddeld succesvol in het leven en werkzaam als advocaat, arts of zakenman.
De professor was verbijsterd en besloot de zaak verder te onderzoeken. Gelukkig woonden alle betrokkenen in de buurt, zodat hij iedereen kon vragen hoe hij zijn succes verklaarde. In alle gevallen was het antwoord: 'Dat komt door een onderwijzeres die ik gehad heb.'
Die onderwijzeres was nog in leven, dus besloot hij haar op te

zoeken. Hij vroeg de oude maar nog krasse vrouw welke toverkracht ze had gebruikt om deze jongens uit de sloppenwijk de weg naar een geslaagd leven te wijzen.
De ogen van de onderwijzeres begonnen te glinsteren en om haar lippen speelde een zachte glimlach. 'Zo moeilijk was het helemaal niet,' zei ze. 'Ik hield gewoon van die jongens.'

Eric Butterworth

Het enige dat ik me herinner

Als mijn vader me iets wilde vertellen, begon hij het gesprek altijd met de vraag: 'Heb ik je vandaag al gezegd hoeveel ik van je houd?' Ik hield ook heel veel van hem, en in zijn laatste jaren, toen het duidelijk was dat zijn krachten langzaam wegebden, groeiden we nog meer naar elkaar toe... als dat al mogelijk was. Toen hij tweeëntachtig was, was hij klaar voor de dood. En ik was er klaar voor om hem los te laten, waardoor er een einde zou kunnen komen aan zijn lijden. We lachten en huilden samen. We hielden elkaar bij de hand en zeiden hoeveel we van elkaar hielden en waren het erover eens dat de tijd gekomen was. Ik zei: 'Papa, als je weg bent, wil ik dat je me een teken geeft dat het goed is met je.' Hij moest lachen om het absurde van mijn vraag; mijn vader geloofde niet in reïncarnatie. Ik wist ook niet zeker of ik er zelf wel in geloofde, maar er waren me dingen overkomen waardoor ik geloofde dat ik wel degelijk in staat was signalen 'van gene zijde' op te vangen.

Mijn vader en ik hadden zo'n nauwe band met elkaar dat ik, op het moment dat hij stierf, zíjn hartaanval in mijn eigen borst voelde. Later betreurde ik het zeer dat het ziekenhuis me, vanuit een soort ongeïnspireerde wijsheid, niet de gelegenheid had gegeven zijn hand vast te houden terwijl hij uit het leven wegggleed.

Dagelijks bad ik dat ik iets van hem zou mogen vernemen, maar er gebeurde niets. Elke nacht vroeg ik voordat ik insliep om een droom. Vier lange maanden verstreken echter waarin ik niets hoorde en niets anders voelde dan verdriet om zijn verlies. Mijn moeder was vijf jaar eerder aan de ziekte van Alzheimer overleden en hoewel ik zelf volwassen dochters had, voelde ik me als een in de steek gelaten kind.

Op een dag – ik lag in een donkere, stille kamer op de massagetafel op mijn masseur te wachten – werd ik overvallen door een golf van verlangen naar mijn vader. Ik vroeg me af of ik niet te veeleisend was geweest door om een teken van hem te vragen. Ik merkte dat mijn geest zeer actief was. Ik voelde me heel helder en ik zou met gemak grote aantallen getallen uit mijn hoofd hebben kunnen optellen. Ik controleerde of ik wel wakker was en niet droomde, maar constateerde dat ik nog nooit zo wakker was geweest. Elke gedachte die in me opkwam, was als een waterdruppel die een rimpeling in een verstilde vijver veroorzaakte. Ik verwonderde me voortdurend over de vredigheid van mijn stemming. Toen realiseerde ik me dat ik de hele tijd bezig was geweest zelf te bepalen welke boodschappen ik van gene zijde wilde doorkrijgen. Ik besloot daarmee op te houden.

Plotseling verscheen mijn moeders gezicht voor me; dat wil zeggen mijn moeder zoals ze geweest was voordat de ziekte van Alzheimer haar had beroofd van haar geest, haar menselijkheid en vijfentwintig kilo lichaamsgewicht. Haar prachtige zilveren haardos omlijstte haar lieve gezicht. Ze was zo echt en dichtbij dat ik het gevoel had dat ik mijn hand maar hoefde uit te steken om haar te kunnen aanraken. Ze zag eruit zoals een jaar of tien daarvoor, voordat ze was begonnen weg te teren. Ik rook zelfs een vleugje Joy, haar lievelingsparfum. Ze leek op iets te wachten en sprak niet. Ik vroeg me af hoe het kon dat ik aan mijn vader dacht en dat mijn moeder me verscheen, en voelde me een beetje schuldig dat ik niet ook gevraagd had háár te mogen zien.

Ik zei: 'O mama, ik vind het zo vreselijk dat je aan die verschrikkelijke ziekte hebt moeten lijden.'

Ze hield haar hoofd een beetje scheef, alsof ze wilde tonen dat ze het op prijs stelde dat ik iets over haar lijden had gezegd. Toen glimlachte ze – een prachtige glimlach was het – en zei ze heel duidelijk: 'Maar het enige dat ik me herinner is liefde.' Toen verdween ze.

Ik begon te rillen; het was ineens koud geworden in de kamer. Ik wist tot in mijn botten dat de liefde die we geven en ontvangen, het enige is dat we onthouden. Het lijden verdwijnt, liefde blijft. Haar woorden zijn de belangrijkste die ik ooit gehoorde heb, en het moment dat zij ze uitsprak staat voor altijd in mijn hart gegrift.

Van mijn vader heb ik niets gehoord of gezien, maar ik twijfel er niet aan dat hij op een goede dag, wanneer ik daar helemaal niet op voorbereid ben, zal verschijnen en zal zeggen: 'Heb ik je vandaag al gezegd hoeveel ik van je houd?'

Bobbie Probstein

Een lied uit het hart

Er was eens een grote man die trouwde met de vrouw van zijn dromen. Ze hielden van elkaar en maakten een klein meisje. Het was een slim en vrolijk klein meisje en de grote man hield heel veel van haar.
Toen ze heel klein was, pakte hij haar vaak op. Dan neuriede hij een liedje, danste met haar door de kamer en zei tegen haar: 'Ik houd van je, kleine meid.'
Toen het kleine meisje opgroeide, omhelsde hij haar vaak en zei hij: 'Ik houd van je, kleine meid.' Dan pruilde het kleine meisje en zei ze: 'Ik ben geen kleine meid meer.' Dan lachte de man en zei hij: 'Maar voor míj wel. Voor mij blijf je altijd mijn kleine meid.'
De kleine-meid-die-niet-klein-meer-was ging het huis uit en trok de wereld in. Naarmate ze zichzelf beter leerde kennen, leerde ze ook de man beter kennen. Ze zag in dat hij echt groot en sterk was, want ze zag nu wat zijn sterke punten waren. Een daarvan was dat hij in staat was uiting te geven aan zijn liefde voor zijn gezin. Waar ter wereld zij zich ook bevond, de man belde haar regelmatig op en bleef haar 'mijn kleine meid' noemen.
Maar op een dag kreeg de kleine-meid-die-geen-kleine-meid-meer-was een telefoontje. De grote man was niet in orde. Hij had een attaque gehad en was nu afatisch, kreeg het meisje te horen. Hij kon niet meer spreken en men wist ook niet of hij wel kon begrijpen wat er tegen hem gezegd werd. Hij kon niet meer glimlachen, lopen, knuffelen, dansen of tegen de kleine-meid-die-niet-klein-meer-was zeggen dat hij van haar hield.
Ze ging naar de grote man toe. Toen ze de kamer in kwam zag ze dat hij er klein en helemaal niet meer sterk uitzag. Hij keek haar aan en probeerde te spreken, maar hij kon het niet.
Het kleine meisje deed het enige dat ze kon doen. Ze klom op het bed en ging naast de grote man liggen. De tranen stroomden haar

over de wangen en ze sloeg haar armen om de nutteloze schouders van haar vader.
Met haar hoofd op zijn borst liet ze haar gedachten de vrije loop. Ze herinnerde zich hoe fijn ze het met elkaar gehad hadden. Ze dacht eraan terug hoe ze zich altijd beschermd en bemind had gevoeld door de grote man. Ze voelde het verdriet waarmee ze voortaan zou moeten leven: zijn troostende woorden niet meer te zullen horen.
Maar toen hoorde ze binnen in de grote man zijn hart kloppen. Het hart waar de muziek en de woorden altijd vandaan waren gekomen. Dat hart klopte nog, ongestoord door de beschadigingen aan de rest van het lichaam. En terwijl ze daar zo kalm lag, gebeurde het wonder. Ze hoorde datgene waaraan ze behoefte had.
Zijn hart klopte de woorden die zijn mond niet meer kon uitspreken...

Ik houd van je
Ik houd van je
Ik houd van je
Kleine meid
Kleine meid
Kleine meid

En ze voelde zich getroost.

Patty Hansen

Echte liefde

Mozes Mendelssohn, de grootvader van de beroemde Duitse componist, was bepaald niet knap om te zien. Niet alleen was hij tamelijk kort van stuk, hij had ook een afzichtelijke bochel.
Op een dag was hij op bezoek bij een koopman in Hamburg, die een prachtige dochter had die Frumtje heette. Mozes was op slag hopeloos verliefd op haar. Maar Frumtje voelde slechts afkeer voor hem omdat hij zo lelijk was.
Toen het tijd was om te vertrekken, raapte Mozes al zijn moed bij elkaar en klom hij de trappen op naar haar kamer om haar voor het laatst nog een keer te spreken. Ze was het toonbeeld van een hemelse schoonheid, maar ze maakte hem diep bedroefd doordat ze weigerde hem aan te kijken. Nadat hij een paar keer vergeefs had geprobeerd het gesprek op gang te brengen, vroeg Mozes verlegen: 'Geloof jij dat huwelijken in de hemel worden gearrangeerd?'
'Ja,' zei ze, hem nog steeds niet aankijkend. 'En jij?'
'Ja, ik ook,' antwoordde hij. 'Weet je, bij de geboorte van iedere jongen kondigt de Heer in de hemel aan welk meisje hij zal trouwen. Toen ik geboren werd, werd me ook mijn toekomstige bruid aangewezen. Maar de Heer voegde daaraan toe: "En jouw bruid zal een bochel hebben."
Meteen riep ik uit: "O Heer, een bruid met een bochel is iets heel verschrikkelijks. Alstublieft, Heer, geeft U mij die bochel en laat haar mooi zijn."'
Toen hief Frumtje haar blik omhoog en keek ze hem in de ogen. Ze herinnerde zich iets uit een heel ver verleden. Ze gaf Mozes haar hand en werd later zijn toegewijde echtgenote.

Barry en Joyce Vissell

De knuffelende rechter

Bots niet tegen me op! Sla liever je armen om me heen!

Tekst op een bumpersticker

Lee Shapiro is een gepensioneerde rechter. Hij is ook een van de vriendelijkste mensen die we kennen. Toen hij nog werkte is Lee zich op een gegeven moment bewust geworden dat liefde de belangrijkste kracht is in het leven. Vanaf dat moment werd Lee een knuffelaar en wilde hij iedereen omarmen. Zijn collega's gaven hem de bijnaam 'de knuffelende rechter'. Op de bumper van zijn auto heeft hij een sticker met de tekst BOTS NIET TEGEN ME OP! SLA LIEVER JE ARMEN OM ME HEEN!
Een jaar of zes geleden heeft Lee een zogenaamd knuffelpakket samengesteld. Op de buitenkant van de doos staat: EEN HART VOOR EEN KNUFFEL. Erin zitten dertig rode geborduurde hartjes die je op je kleding kunt plakken. Met zijn knuffelpakket gaat Lee eropuit en biedt hij de mensen een hartje aan in ruil voor een knuffel.
Lee is zo bekend geworden dat hij vaak wordt uitgenodigd om op bijeenkomsten en congressen zijn boodschap van onvoorwaardelijke liefde te komen uitdragen. Op een conferentie in San Francisco werd hij door de lokale media uitgedaagd met de opmerking: 'Het is wel heel gemakkelijk om hier op dit congres een aantal vooraf geselecteerde mensen te gaan omhelzen, maar dit kun je in de buitenwereld niet doen.'
Ze daagden Lee uit om in San Francisco op straat ook mensen te gaan omhelzen. Met een ploegje televisiemensen achter zich aan is Lee toen de straat opgegaan. Eerst liep hij op een vrouw af die langskwam. 'Hallo, ik ben Lee Shapiro, de knuffelende rechter.

Ik deel hartjes uit in ruil voor een knuffel.' 'Ja hoor, prima,' antwoordde ze. 'Te gemakkelijk,' vond de televisiecommentator. Lee keek om zich heen. Hij zag een parkeerwachtster die problemen had met de eigenaar van een dure slee, wie zij net een bekeuring had gegeven. Met de cameraman achter zich aan liep hij naar haar toe en zei: 'U ziet eruit alsof u wel een knuffel kunt gebruiken. Ik ben de knuffelende rechter en ik bied u er een aan.' Ze ging er graag op in.

De televisiecommentator besloot hem nog een laatste keer uit te dagen. 'Kijk, daar komt een bus. De buschauffeurs van San Francisco staan erom bekend dat ze de ruwste en meest onbeschofte mensen van de hele stad zijn. Laat maar eens zien hoe je die omhelst.' Lee nam de uitdaging aan.

Toen de bus gestopt was, zei Lee: 'Hallo, ik ben Lee Shapiro, de knuffelende rechter. Die baan van u moet wel bijzonder veel spanningen opleveren. Ik bied de mensen vandaag een knuffel aan om het leven wat aangenamer te maken. Stelt u daar ook prijs op?' De een meter negentig lange en meer dan honderd kilo wegende buschauffeur stond op uit zijn stoel, stapte naar buiten en zei: 'Waarom niet?'

Lee omarmde hem, gaf hem een hartje en zwaaide hem na toen hij met zijn bus wegreed. De televisieploeg was even sprakeloos, waarna de commentator uiteindelijk zei: 'Ik ben zeer onder de indruk.'

Op een goede dag belde Lee's vriendin Nancy Johnston bij hem thuis aan. Nancy is clown van beroep. Ze had haar clownskostuum aan en was ook helemaal als clown opgemaakt. 'Lee, pak je knuffelpakket, we gaan naar het tehuis voor gehandicapten,' riep ze.

Toen ze bij het tehuis aankwamen, begonnen ze feestmutsen, hartjes en knuffels aan de patiënten uit te delen. Lee voelde zich er wat ongemakkelijk bij. Hij had nooit eerder mensen geknuffeld die aan een slopende ziekte leden of geestelijk gestoord of meervoudig gehandicapt waren. Het was een hele opgave voor hem, maar na een tijdje ging het allemaal een stuk makkelijker. Nancy en Lee hadden inmiddels ook een heel gevolg verzameld, dat van afdeling naar afdeling achter hen aan liep.

Na een aantal uren waren ze uiteindelijk bij de laatste afdeling aangekomen. Daar waren vierendertig mensen opgenomen die er zeer ernstig aan toe waren. Lee had nog nooit zoiets meegemaakt. Hij was er zo van onder de indruk dat de moed hem in de schoenen zonk. Maar Nancy en Lee hadden zich de opgave gesteld de mensen hun liefde te geven en het leven voor hen te verlichten, en ze gingen de kamer rond met de voltallige medische staf – inmiddels allemaal voorzien van hartjes en feestmutsen – in hun kielzog.

Ten slotte kwam Lee bij de laatste man van de afdeling aan. Leonard heette hij. Leonard had een grote witte slab voor, waarop hij zat te kwijlen. Lee keek naar Leonard die op zijn slab kwijlde en zei: 'Laten we gaan, Nancy. Met deze man kunnen we toch niets.' Nancy antwoordde: 'Kom op, Lee. Hij is toch ook een mens!' Toen zette ze een rare feestmuts op zijn hoofd. Lee pakte een van zijn rode hartjes en plakte die op Leonards slab. Hij haalde diep adem, boog zich voorover en omhelsde Leonard.

Plotseling begon Leonard te gieren van het lachen: 'Hiiiiii! Hiiiiii!' Een paar andere patiënten op de zaal begonnen luidruchtig met dingen te slaan. Lee draaide zich met een vragende uitdrukking om naar de staf, maar constateerde dat alle artsen en verpleegsters huilden. Lee vroeg de hoofdverpleegster wat er aan de hand was.

Lee zou nooit vergeten wat ze antwoordde: 'Dit is de eerste keer in drieëntwintig jaar dat we Leonard hebben zien lachen.'

Wat is het toch eenvoudig om iets voor andere mensen te doen.

Jack Canfield en Mark V. Hansen

JE KUNT ALTIJD GOED AAN HEM
MERKEN DAT HIJ NAAR ZIJN
THERAPEUT IS GEWEEST

© 1984 United Feature Syndicate Inc

Hier kan het niet?

We hebben vier knuffels per dag nodig om in leven te blijven, acht om in vorm te blijven en twaalf om te groeien.

Virginia Satir

In onze werkgroepen leren we de mensen altijd dat ze elkaar regelmatig moeten knuffelen. De meeste mensen zeggen dan: 'Op míjn werk zou ik nooit de mensen kunnen gaan knuffelen.' Maar is dat wel zo?
Hieronder drukken we een brief af van iemand die een van onze seminars had gevolgd.

Beste Jack,

Vandaag begon ik de dag in een nogal sombere stemming. Mijn vriendin Rosalind kwam langs en vroeg me of ik vandaag nog knuffels ging uitdelen. Ik heb maar wat gemompeld. Maar toen begon ik te denken aan de knuffels en allerlei andere dingen van de afgelopen week. Ook keek ik naar het schema dat jij ons hebt gegeven over hoe je een werkgroep levendig houdt. Met kromme tenen heb ik toen het gedeelte gelezen over knuffelen en geknuffeld worden, omdat ik me niet kon voorstellen dat ik mensen op mijn werk zou kunnen knuffelen.
Maar goed, toen besloot ik er een 'knuffeldag' van te maken en ben ik begonnen de bezoekers die bij mij aan de balie kwamen te omhelzen. Het was een feest om te zien

hoe de mensen daarvan opknapten. Een student economie klom op de balie en maakte een dansje. Sommigen kwamen zelfs terug en vroegen me het nog eens te doen. Er kwamen twee monteurs voor het kopieerapparaat langs. Ze waren eerst niet erg in elkaar geïnteresseerd, maar toen ik hen geknuffeld had werden ze min of meer wakker en begonnen ze met elkaar te praten en te lachen. Ik heb het gevoel dat ik iedereen op de faculteit geknuffeld heb, en daarbij is alles wat me vanmorgen dwarszat verdwenen, ook de pijn die ik had. Het spijt me dat deze brief zo lang is geworden, maar ik ben er erg opgewonden van. Het leukste van alles was dat er op een gegeven moment bij mij voor de balie wel een stuk of tien mensen stonden die elkaar allemaal omhelsden. Ik kon mijn ogen haast niet geloven.

Met een lieve groet,
Pamela Rogers

P.S. Op weg naar huis heb ik op 37th Street nog een politieagent omhelsd. Hij zei: 'Tjonge! Politieagenten worden nooit geknuffeld. Weet u wel zeker dat u niet eigenlijk liever een steen naar me zou willen gooien?'

Een andere ex-deelnemer stuurde ons het volgende stukje over knuffelen.

Knuffelen is gezond. Het is goed voor je immuunsysteem, je blijft er gezonder bij, het geneest je van je depressies, het vermindert je spanningen, je slaapt er beter door, je krijgt er meer energie van, je wordt er jeugdiger van, er zijn geen nadelige bijwerkingen, kortom: knuffelen is niets minder dan een wondermiddel.
Knuffelen is natuurlijk, organisch, zoet. Bestrijdingsmiddelen komen er niet aan te pas, en ook geen conserveer-

middelen of andere kunstmatige toevoegingen, en het is voor de volle honderd procent gezond.

Knuffelen is bijna volmaakt. Er zijn geen bewegende onderdelen, geen batterijen die leeg kunnen raken. Er zijn geen onderhoudsbeurten nodig, het energieverbruik is laag, terwijl de opbrengst aan energie hoog is. Het is niet aan inflatie onderhevig, er zijn geen speciale verzekeringsvoorwaarden, diefstal is onmogelijk, er kan geen belasting op geheven worden, het is niet milieuvervuilend en je kunt de knuffel zonder meer teruggeven.

Bron onbekend

Jack Canfield

Het gaat erom wie je bent

Een lerares uit New York besloot ieder van haar eindexamenleerlingen te vertellen wat zij van hen vond. Gebruik makend van een methode ontwikkeld door Helice Bridges uit Del Mar in Californië, riep ze alle leerlingen een voor een naar voren. Eerst vertelde ze iedere leerling wat zij en de klas belangrijk vonden aan hem of haar. Daarna bood ze iedereen een blauw lint aan waarop in goudkleurige letters te lezen stond IK BEN EEN WAARDEVOL MENS.

Na afloop hiervan besloot de lerares een klassikaal project te gaan doen om te kijken welke invloed erkenning op een gemeenschap zou kunnen hebben. Ze reikte aan elk van haar leerlingen drie extra blauwe linten uit met de opdracht deze wijze van het uiten van waardering naar buiten uit te gaan dragen. Vervolgens moesten ze dan nagaan wie de betrokkenen waren en na ongeveer een week daarvan in de klas verslag uitbrengen.

Een van de jongens ging naar een afdelingschef van een bedrijf in de buurt en zei hem dat hij hem dankbaar was dat hij hem had geholpen met zijn carrièreplanning. Hij speldde hem een van de blauwe linten op en gaf hem de twee andere linten met de opmerking: 'Wij zijn bezig met een klassikaal project dat over het uiten van waardering gaat, en we zouden het op prijs stellen als u eropuit zou gaan en iemand uw waardering zou willen bewijzen met een blauw lint en hem of haar dan ook het extra lint te geven zodat hij of zij er een derde bij kan betrekken. En wilt u dan alstublieft aan mij verslag uitbrengen van wat er gebeurd is?'

Later diezelfde dag liep de afdelingschef bij zijn baas naar binnen, die, tussen haakjes, erom bekend stond dat hij erg kortaangebonden was. Hij vroeg zijn baas te gaan zitten en vertelde hem dat hij hem bewonderde om zijn creativiteit. De baas leek zeer verbaasd. De afdelingschef vroeg hem of hij het blauwe lint wilde

aanvaarden en hem wilde toestaan het hem op te spelden. De verbaasde baas antwoordde: 'Nou, ga je gang maar.'
De afdelingschef pakte het blauwe lint en speldde het op het jasje van de baas, pal boven zijn hart. Toen gaf hij hem ook het laatste lint en zei: 'Wilt u mij een plezier doen? Wilt u dit lint van mij aannemen en het doorgeven aan iemand die u uw waardering wilt laten blijken? De jongen van wie ik het gekregen heb, is bezig met een project op school. Hij wil dat de waardering door wordt gegeven en wil dan onderzoeken hoe mensen erdoor beïnvloed worden.'
Die avond kwam de baas thuis bij zijn veertien jaar oude zoon. Hij vroeg hem te gaan zitten en zei: 'Wat me vandaag is overkomen, is bijna niet te geloven! Ik zat op kantoor en toen kwam een van de afdelingschefs naar me toe. Hij vertelde me dat hij me bewonderde en hij gaf me een blauw lint omdat hij me een creatief iemand vond. Stel je eens voor: hij vond mij creatief! Toen speldde hij me dit blauwe lint op, met de tekst IK BEN EEN WAARDEVOL MENS, op mijn jasje, pal boven mijn hart. Hij gaf me nog een lint en vroeg me daarmee iemand mijn waardering te laten blijken. Toen ik nu net naar huis reed, zat ik te denken aan wie ik het zou geven en toen heb ik aan jou gedacht. Jou wil ik daarmee mijn waardering tonen. Ik heb een druk leven en als ik 's avonds thuiskom besteed ik nooit veel aandacht aan je. En soms loop ik wel eens tegen je te schreeuwen dat je op school niet genoeg je best doet en dat het een rotzooi is op je kamer, maar vanavond voel ik op de een of andere manier de neiging om je te tonen dat je belangrijk voor me bent. Jij en je moeder zijn de belangrijkste mensen in mijn leven. Je bent een fijne knul en ik houd van je!'
De stomverbaasde knaap barstte in snikken uit. Het leek wel alsof hij er niet mee kon ophouden. Zijn hele lijf schokte en trilde. Hij keek op naar zijn vader en zei door zijn tranen heen: 'Ik was van plan om morgen zelfmoord te gaan plegen, papa, want ik dacht dat je niet van me hield. Maar nu hoeft dat niet meer.'

Helice Bridges

Eén voor één

Een vriend van ons liep eens een keer bij zonsondergang over een verlaten Mexicaans strand. Terwijl hij daar zo liep, zag hij in de verte een andere man aankomen. Toen hij naderbij kwam, zag hij dat de Mexicaan zich steeds vooroverboog, iets opraapte en dat in het water gooide. Steeds maar weer gooide hij iets in zee.
Toen onze vriend nog dichterbij kwam, zag hij dat de man zeesterren die op het strand aangespoeld waren, opraapte en die één voor één weer in het water gooide.
Onze vriend vroeg zich af waarom hij dat deed. Hij liep op de man af en zei: 'Goedenavond, beste vriend. Ik vroeg me af wat u aan het doen was.'
'Ik gooi deze zeesterren terug in zee. Het is nu eb, weet u, en al die zeesterren zijn op het strand aangespoeld. Als ik ze niet teruggooi, gaan ze dood door zuurstofgebrek.'
'Dat begrijp ik,' antwoordde onze vriend, 'maar er moeten duizenden van die zeesterren op dit strand liggen. En u kunt ze toch onmogelijk allemaal teruggooien? Daarvoor zijn het er gewoon te veel. En beseft u dan ook niet dat dit waarschijnlijk op honderden andere stranden langs de kust ook gebeurt? Begrijpt u dan niet dat het niet uitmaakt wat u doet?'
De Mexicaan glimlachte, boog zich voorover en raapte nog een zeester op. Terwijl hij die in zee gooide, zei hij: 'Voor deze maakt het wel degelijk wat uit!'

Jack Canfield en Mark V. Hansen

Het cadeautje

Van *Bennett Cerf* komt dit aandoenlijke verhaal dat zich afspeelde in een bus die over een achterafweggetje in het zuiden van de Verenigde Staten voorthobbelde.
Op een van de stoelen zat een spichtig oud mannetje met een verse bos bloemen op schoot. Aan de andere kant van het gangpad zat een meisje dat onafgebroken naar de bloemen zat te staren. Toen de man op zijn plaats van bestemming was aangekomen, legde hij in een opwelling de bloemen op de schoot van het meisje. 'Ik heb gemerkt dat u de bloemen erg mooi vindt,' verklaarde hij, 'en ik denk dat mijn vrouw ook wel zou willen dat ik ze aan u gaf. Ik zal haar vertellen dat ik dat gedaan heb.' Het meisje bedankte hem voor de bloemen en zag, toen ze de oude man nakeek, dat hij een klein kerkhof op liep.

Zo'n broer!

Een vriend van me die Paul heet, kreeg eens als kerstcadeau een auto van zijn broer. Toen Paul op kerstavond zijn kantoor uit kwam, stond een arme jongen met bewonderende blikken naar zijn glimmende nieuwe auto te kijken. 'Is die auto van u, meneer?' vroeg hij.
Paul knikte. 'Heb ik voor Kerstmis van mijn broer gekregen.' De jongen was verbijsterd. 'Bedoelt u dat u hem gekregen hebt en er niets voor hebt hoeven betalen? Tjonge, ik wou dat...' Hij aarzelde even.
Natuurlijk wist Paul best wat de jongen zich zou wensen. Dat hij ook zo'n broer had. Maar Paul voelde een rilling langs zijn rug lopen toen hij hoorde wat de jongen in werkelijkheid zei.
'Ik wou,' ging de jongen verder, 'dat ik zo'n broer zou kunnen zijn.'
Paul keek de jongen stomverbaasd aan en zei toen in een opwelling: 'Heb je soms zin om een eindje mee te rijden in mijn auto?'
'O ja, dolgraag.'
Nadat ze een stukje gereden hadden, draaide de jongen zich met glinsterende ogen naar hem toe en zei: 'Meneer, zou u voor mijn huis willen stoppen?'
Paul glimlachte. Hij dacht dat hij wel wist wat de knaap wilde. Hij wilde zijn buren laten zien dat hij met een grote auto werd thuisgebracht. Maar Paul had het weer bij het verkeerde eind.
'Wilt u daar stoppen, bij die twee treden?' vroeg de jongen.
Hij rende het trapje op. Kort daarop zag Paul hem terugkomen, maar nu langzaam. Hij droeg zijn kreupele broertje in zijn armen en zette hem neer op de onderste tree, waarna hij hem aanstootte en naar de auto wees.
'Daar staat hij, maatje, precies zoals ik je net vertelde. Hij heeft hem voor Kerstmis van zijn broer gekregen en heeft er geen cent

voor hoeven betalen. En er komt een dag dat ik jou er net zo een zal geven... Dan kun je zelf gaan kijken naar al die feestelijke etalages waar ik je over verteld heb.'
Paul stapte uit en tilde de knaap op de voorbank. De oudere broer met de glinsterende ogen ging naast hem zitten en gedrieën begonnen ze aan een feestelijke rit die hen nog lang zou heugen. Die kerstavond begreep Paul wat Jezus bedoeld had toen hij zei: 'Het is zaliger te geven...'

Dan Clark

Moed

'Dus jij vindt dat ik moedig ben?' vroeg ze.
'Ja, vind ik wel...'
'Misschien ben ik het inderdaad wel, maar dan komt het doordat ik daar door anderen toe geïnspireerd ben. Over een van hen wil ik je iets vertellen. Heel lang geleden, toen ik als vrijwilliger in het ziekenhuis van Stanford werkte, kende ik daar een klein meisje dat Liza heette en leed aan een zeldzame ernstige ziekte. Ze had maar één kans om beter te worden en dat was als ze een bloedtransfusie van haar broertje van vijf zou krijgen. Hij had namelijk als door een wonder diezelfde ziekte overleefd en had antistoffen in zijn bloed waarmee de ziekte bestreden kon worden. De arts legde de situatie uit aan het broertje en vroeg hem of hij bereid was bloed aan zijn zusje af te staan. Ik zag dat hij heel even aarzelde, waarna hij diep ademhaalde en antwoordde: "Ja, ik wil alles doen om Liza te redden."
Terwijl de transfusie plaatsvond lag hij in een bed naast zijn zusje. Hij moest glimlachen toen hij, net als wij, zag hoe ze weer kleur kreeg in haar gezicht. Toen werd hij bleek en verdween de glimlach van zijn gezicht. Hij keek op naar de arts en vroeg met trillende stem: "Ga ik dan nu meteen dood?"
Hij was nog zo jong dat hij de dokter verkeerd had begrepen; hij dacht dat hij haar ál zijn bloed moest geven.
Dus als ik moed heb,' vervolgde ze, 'dan is dat omdat ik daar door anderen toe geïnspireerd ben.'

Dan Millman

Grote Ed

Toen ik in de stad aankwam om daar een workshop te gaan geven over hard en realistisch leidinggeven, werd ik door een paar mensen mee uit eten genomen die me het een en ander zouden vertellen over de mensen met wie ik de volgende dag te maken zou krijgen.
De natuurlijke leider van dit kleine groepje was Grote Ed, een zwaargebouwde, grote man met een diepe bromstem. Tijdens het eten vertelde hij me dat hij in dienst was bij een grote multinational en dat zijn functie daar bestond uit het oplossen van problemen. Hij werd daarom regelmatig uitgezonden naar afdelingen of dochterbedrijven om daar leidende figuren te ontslaan.
'Joe,' zei hij, 'ik vind het echt belangrijk dat je morgen bij ons komt spreken, want de mensen moeten maar eens horen hoe een realist als jij erover denkt. Dan zullen ze ontdekken dat mijn aanpak de juiste is.' Hij grijnsde en knipoogde naar me.
Ik glimlachte en bedacht dat de volgende dag anders zou verlopen dan hij verwachtte.
De volgende dag luisterde hij tijdens de hele workshop onbeweeglijk toe, waarna hij wegging zonder nog een woord tegen me te zeggen.
Drie jaar later kwam ik in dezelfde stad terug om een workshop te geven aan ongeveer dezelfde groep mensen. Grote Ed was er ook weer bij. Om een uur of tien stond hij plotseling op en vroeg: 'Joe, vind je het goed als ik een paar woorden tegen de mensen hier zeg?'
Ik grijnsde en zei: 'Natuurlijk. Iemand die zo groot is als jij, krijgt van mij altijd het woord, Ed.'
Grote Ed richtte zich tot de aanwezigen en zei: 'Jullie kennen me allemaal en sommigen van jullie weten wat me is overkomen. Maar ik wil dat jullie dat allemaal weten. En Joe, ik denk dat je wel zult kunnen waarderen wat ik ga zeggen.'

Toen ik je namelijk de vorige keer hoorde beweren dat wij, om als managers recht voor z'n raap dingen te kunnen zeggen, eerst moesten leren om de mensen die ons het meest na staan te zeggen dat we echt van ze houden, dacht ik dat dat maar sentimenteel geklets was. Ik vroeg me af wat dat in godsnaam te maken zou kunnen hebben met een harde opstelling. Je zei dat flinkheid is als leer, en hardheid als graniet, dat een realistische geest open, veerkrachtig, gedisciplineerd en vasthoudend is. Maar ik begreep niet wat liefde daarmee te maken had.

Die avond, toen ik in de huiskamer tegenover mijn vrouw zat, zat ik nog over jouw woorden te piekeren. Had ik moed nodig om mijn vrouw te vertellen dat ik van haar hield? Dat kon toch iedereen? Je had ook gezegd dat je het gewoon overdag moest zeggen, en niet in de slaapkamer. Ik schraapte mijn keel, wilde wat zeggen, maar hield toch mijn mond. Mijn vrouw keek me aan en vroeg wat er was. "O, niets," antwoordde ik. Toen stond ik ineens op. Ik liep de kamer door, duwde haar krant opzij en zei: "Alice, ik houd van je." Even keek ze me stomverbaasd aan. Toen kreeg ze tranen in haar ogen en zei ze: "Ed, ik houd ook van jou, maar dit is voor het eerst in vijfentwintig jaar dat je dat zo tegen me zegt."

We hebben een tijdje zitten praten over de kracht van de liefde. Over het verdwijnen van allerlei spanningen als er maar genoeg liefde is. Toen kwam ik ineens op het idee om mijn oudste zoon in New York te bellen. We hadden nooit echt goed contact met elkaar gehad. Toen ik hem aan de lijn kreeg, flapte ik eruit: "Jongen, je zult wel denken dat ik dronken ben, maar dat is niet zo. Ik had gewoon zin om je te bellen en je te zeggen dat ik van je houd." Aan de andere kant van de lijn viel een stilte, en toen zei hij kalm: "Papa, dat heb ik, denk ik, altijd wel geweten, maar het is goed om het eens met zoveel woorden te horen. En ik moet je zeggen dat ik ook van jou houd." We hebben nog goed met elkaar zitten praten, en daarna heb ik nog mijn jongste zoon in San Francisco gebeld, met wie ik altijd beter contact heb gehad. Tegen hem zei ik hetzelfde, en ook met hem heb ik toen een fijn gesprek gehad, zoals nooit eerder was voorgekomen.

Toen ik er die avond in bed over na lag te denken, besefte ik dat alles wat jij die dag gezegd had – over de praktijk van realistisch leidinggeven – een soort toegevoegde waarde kreeg, en dat ik

daar beter mee om zou kunnen gaan als ik realistisch leerde liefhebben.
Ik ben toen boeken gaan lezen over dat onderwerp. En, Joe, het is me inderdaad gebleken dat nogal wat mensen daar behartenswaardige dingen over te zeggen hadden. Ik begon te beseffen hoe ontzettend belangrijk liefde was, zowel thuis als op het werk.
Zoals sommigen van jullie hier weten, ga ik tegenwoordig nogal anders om met de mensen op mijn werk. Ik ben meer gaan luisteren en ik ben echt gaan horen wat ze te zeggen hebben. Ik ben gaan beseffen dat het veel belangrijker is om de sterke punten van mensen te leren kennen dan steeds maar stil te blijven staan bij hun zwakke punten. Ik ben gaan ontdekken hoe fijn het is om hen te helpen zelfvertrouwen op te bouwen. En misschien wel het belangrijkste was dat ik echt ging begrijpen dat ik de mensen heel goed kan laten zien dat ik ze waardeer en respecteer door van ze te verwachten dat ze hun krachten gebruiken om de doelen na te streven die we samen opstellen.
Joe, dit is mijn manier om je te bedanken. Tussen haakjes – over praktisch gesproken – ik ben tegenwoordig plaatsvervangend voorzitter van de raad van bestuur van mijn bedrijf, en iedereen zegt dat ik daar een spilfunctie vervul. Dus, mensen, luister goed naar deze vent!'

Joe Batten

Liefde en de taxichauffeur

Laatst was ik in New York, waar ik me met een vriend per taxi liet vervoeren. Toen we uitstapten, zei mijn vriend tegen de bestuurder: 'Bedankt voor de rit. U rijdt echt heel goed.'
De taxichauffeur keek hem even verbijsterd aan en zei toen: 'Moet je mij hebben?'
'Welnee, beste man. Ik neem je niet in de maling. Ik heb er gewoon veel bewondering voor dat je het hoofd koel houdt in dat drukke verkeer.'
'Ja, ja, dat zal wel,' zei de taxichauffeur, en reed weg.
'Wat was dat nou?' vroeg ik.
'Ik probeer de Newyorkers weer een gevoel van liefde bij te brengen,' zei hij. 'Volgens mij is dat het enige dat deze stad nog kan redden.'
'Hoe kan iemand nou in zijn eentje New York redden?'
'Zo moet je het niet zien. Ik denk dat ik die taxichauffeur een goede dag bezorgd heb. Stel dat hij vandaag twintig ritten rijdt. Dan zal hij tegen al die twintig mensen aardig zijn. Omdat iemand aardig tegen hém geweest is. En die twintig mensen zullen op hun beurt weer aardig zijn tegen hun ondergeschikten of tegen het winkelpersoneel of de kelners die hen bedienen. En misschien wel tegen hun eigen familie. Uiteindelijk bereik je zo dat misschien wel duizend mensen aardig tegen elkaar zijn. Geen slecht resultaat, hè?'
'Maar jij gaat ervan uit dat die taxichauffeur aardig zal zijn tegen anderen.'
'Nee hoor, daar ga ik niet van uit,' zei mijn vriend. 'Ik ben me er wel van bewust dat het systeem niet waterdicht is. Maar ik krijg vandaag misschien wel met tien verschillende mensen te maken, en als ik er van die tien drie blij kan maken, beïnvloed ik op die manier indirect de houding van drieduizend mensen.'

'In theorie klinkt het goed,' moest ik toegeven, 'maar ik betwijfel of het in de praktijk werkt.'
'Als dat niet het geval is, is er ook geen man overboord. Ik heb geen tijd verloren door tegen die man te zeggen dat hij iets goed had gedaan. En hij heeft er ook geen grotere of kleinere fooi door gekregen. Als het hem niets deed, wat dan nog? Morgen is er wel weer een andere taxichauffeur die ik blij kan proberen te maken.'
'Je lijkt wel gek,' zei ik.
'Dat je dat zegt, toont aan hoe cynisch je bent geworden. Ik heb het goed bestudeerd. Op het postkantoor, bijvoorbeeld, lijkt het me een groot gemis dat niemand ooit tegen de mensen zegt dat ze prima werk leveren.'
'Maar ze leveren helemaal geen prima werk.'
'Ze leveren geen prima werk omdat ze niet het gevoel hebben dat het iemand kan schelen of ze dat wel of niet doen. Waarom zou je niet eens iets aardigs tegen hen zeggen?'
We passeerden een bouwplaats, waar vijf bouwvakkers zaten te schaften. Mijn vriend hield stil. 'Da's mooi werk dat jullie daar doen. Vast heel moeilijk en gevaarlijk.'
De arbeiders keken mijn vriend wantrouwend aan.
'Wanneer moet het klaar zijn?'
'Juni,' bromde een van de mannen.
'Aha. Goh, wat een klus! Jullie zullen er allemaal wel heel trots op zijn.'
We liepen weer door. Ik zei tegen hem: 'De laatste keer dat ik iemand zo heb horen praten was bij *De man van La Mancha*.'
'Als die mannen even hebben nagedacht over wat ik gezegd heb, zullen ze zich er beter door voelen. Op de een of andere manier zal dan ook de stad als geheel daar profijt van hebben.'
'Maar dat kun je toch niet in je eentje voor elkaar krijgen!' riep ik uit. 'Je bent maar een eenling.'
'Het belangrijkste is om niet ontmoedigd te raken. Het is geen gemakkelijke opgave om ervoor te zorgen dat de mensen in de stad weer aardig tegen elkaar doen, maar als ik andere mensen zover kan krijgen dat ze met me meedoen...'
'Je knipoogde net tegen een vrouw die er heel gewoon uitzag,' merkte ik op.
'Ja, weet ik,' zei hij. 'En als ze onderwijzeres is, wacht haar klas een fantastische dag.'

Art Buchwald

Een eenvoudig gebaar

Iedereen kan grandeur hebben... want iedereen kan dienstbaar zijn. Je hebt geen academische opleiding nodig om dienstbaar te kunnen zijn. Je hoeft niet deftig te kunnen praten om dienstbaar te kunnen zijn. Het enige dat je nodig hebt is een goed hart, een ziel vol liefde.

Martin Luther King

Mark liep een keer van school naar huis toen hij zag dat de jongen die voor hem liep, struikelde en de boeken die hij droeg op de grond liet vallen. En niet alleen de boeken, maar ook twee truien, een honkbalknuppel, een handschoen en een radiootje. Mark knielde neer om de jongen te helpen zijn spullen op te rapen. Aangezien ze toch dezelfde kant op moesten, bood hij hem aan te helpen door een deel van zijn spullen te dragen. Toen ze samen verder liepen, kwam Mark te weten dat de jongen Bill heette, dat hij dol was op videospelletjes, honkbal en geschiedenis, dat hij veel problemen had met zijn andere schoolvakken en dat het net uit was met zijn vriendinnetje.
Toen ze bij het huis van Bill aankwamen, werd Mark uitgenodigd om binnen een cola te komen drinken en televisie te blijven kijken. Ze praatten en lachten wat met elkaar en de middag verliep verder rustig, waarna Mark naar huis ging. Op school bleven ze contact met elkaar houden en af en toe kwamen ze bij elkaar over de vloer. Toen ze in het nieuwe schooljaar naar de middelbare school gingen, bleek dat dezelfde school te zijn, en ook daar bleven ze door de jaren heen oppervlakkig contact met elkaar houden. Toen dan uiteindelijk het langverwachte laatste schooljaar gekomen was, vroeg Bill drie weken voor het eindexamen of hij Mark kon spreken.

Bill herinnerde hem aan die dag, inmiddels al jaren geleden, toen ze elkaar voor het eerst hadden ontmoet. 'Heb je je nooit afgevraagd waarom ik die dag zoveel spullen naar huis droeg?' vroeg Bill. 'Weet je, ik had mijn kastje op school leeggemaakt omdat ik niet iemand anders met mijn rotzooi wilde opzadelen. Ik had een aantal slaappillen van mijn moeder gepikt en was van plan om thuis zelfmoord te gaan plegen. Maar nadat wij samen hadden zitten praten en lachen, realiseerde ik me dat ik, als ik mezelf van kant had gemaakt, dat plezier gemist zou hebben en nog zoveel andere momenten daarna. Dus je begrijpt, Mark, dat je, toen je die dag mijn boeken opraapte, veel meer hebt gedaan. Je hebt me het leven gered.'

John W. Schlatter

De glimlach

Glimlach naar elkaar. Glimlach naar je vrouw, glimlach naar je man, glimlach naar je kinderen, glimlach naar elkaar; het maakt niet uit naar wie. Dan zul je meer liefde voor elkaar gaan voelen.

Moeder Teresa

Veel mensen kennen *De kleine prins*, een heerlijk boek van Antoine de Saint-Exupéry. Het is een fabelachtig en grillig boek en het kan gelezen worden als kinderverhaal, maar ook als een verhaal met diepgang voor volwassenen. Veel minder mensen zijn op de hoogte van de Saint-Exupéry's andere geschriften, zijn romans en korte verhalen.
De Saint-Exupéry was een oorlogspiloot die tegen de nazi's heeft gevochten en die in een luchtgevecht omgekomen is. Vóór de Tweede Wereldoorlog had hij in de Spaanse Burgeroorlog tegen de fascisten gevochten. Op basis van die ervaringen heeft hij een fascinerend verhaal geschreven dat 'De glimlach' ('Le sourire') heet. Dit verhaal wil ik u nu vertellen. Het is niet duidelijk of het autobiografisch bedoeld is of dat hij het verzonnen heeft. Ik voor mij ga uit van het eerste.
Hij vertelt dat hij door de vijand gevangen was genomen en in de cel gegooid. Afgaande op de minachtende blikken en de ruwe behandeling die zijn bewakers hem gaven, begreep hij dat hij de volgende dag terechtgesteld zou worden. Vanaf dit punt zal ik het verhaal in mijn eigen woorden vertellen, zoals ik het me herinner.
'Ik wist zeker dat ik gedood zou worden. Ik werd heel zenuwachtig en verstrooid. Ik voelde in mijn zakken of daar nog sigaretten

in zaten die bij het fouilleren aan hun aandacht ontsnapt waren. Ik vond er een, die ik doordat mijn handen zo trilden maar nauwelijks naar mijn lippen kon brengen. Lucifers had ik echter niet; die hadden ze van me afgepakt.
Ik keek door de tralies naar mijn bewaker. Hij wilde me niet aankijken. Je maakt tenslotte geen oogcontact met een ding, een lijk. Ik riep naar hem: "Hebt u een vuurtje, *por favor?*" Hij keek me aan, haalde zijn schouders op en kwam naar me toe om mijn sigaret aan te steken.
Toen hij dichterbij kwam en de lucifer afstreek, bleef hij me onwillekeurig aankijken. Toen glimlachte ik. Ik weet niet waarom ik dat deed. Misschien was het uit nervositeit, maar misschien was het ook wel omdat het heel moeilijk is om niet te glimlachen als je zo dicht in elkaars buurt komt. In elk geval glimlachte ik. Op dat moment was het alsof er een vonk de afstand overbrugde tussen onze harten, onze twee menselijke zielen. Ik weet dat hij het niet wilde, maar mijn glimlach glipte tussen de tralies door en maakte ook op zijn lippen een glimlach los. Hij stak mijn sigaret aan, maar bleef bij me in de buurt. Hij keek me in de ogen en bleef glimlachen.
Ook ik bleef glimlachen. Ik zag hem nu als mens, niet meer alleen als bewaker. En de manier waarop hij mij aankeek leek ook een nieuw element in te houden. "Hebt u kinderen?" vroeg hij.
"Ja. Ja, hier, kijk maar," zei ik. Zenuwachtig haalde ik mijn portefeuille te voorschijn en zocht naar de foto's van mijn gezin. Hij haalde ook zijn foto's van zijn *niños* te voorschijn en begon te praten over zijn plannen en toekomstverwachtingen voor hen. Ik schoot vol en zei dat ik bang was dat ik mijn gezin nooit meer zou zien en geen kans zou krijgen mijn kinderen volwassen te zien worden. Ook zijn ogen stonden vol tranen.
Plotseling, zonder een woord te zeggen, maakte hij de deur van mijn cel open en liet hij mij eruit. We gingen de gevangenis uit en, langs allerlei achterafweggetjes, het stadje uit. En daar, aan de stadsrand, liet hij me gaan. Zonder nog een woord te zeggen draaide hij zich om en liep terug de stad in.
Mijn leven was gered door een glimlach.'
Ja, de glimlach – dat natuurlijke, niet-bedachte, spontane contact tussen mensen. Ik vertel dit verhaal graag, omdat ik wil dat mensen zich ervan bewust worden dat onder al die schillen die

we in stand houden om onszelf te beschermen – onze titels, onze status, de behoefte om op een bepaalde manier gezien te worden – dat onder al dat gedoe het oorspronkelijke, essentiële zelf onveranderd blijft. En ik aarzel niet om het *de ziel* te noemen. Ik geloof echt dat we geen vijanden kunnen zijn als dat deel van mij dat deel van jou herkent. Dan zouden we ook geen jaloezie, geen vrees en geen angst kennen. Ik word er bedroefd van als ik bedenk dat al die andere lagen die we in ons leven zo zorgvuldig opbouwen, ons afschermen en isoleren van anderen en echt contact onmogelijk maken. Het verhaal van De Saint-Exupéry gaat over het magische ogenblik waarop twee zielen elkaar herkennen.

Ik heb zelf ook een paar van dat soort momenten gekend. Verliefd worden is daar een van. En het kijken naar een baby. Waarom glimlachen we als we naar een baby kijken? Misschien wel omdat we dan iemand zien zonder al die beschermende lagen, iemand van wie we weten dat zijn glimlach volkomen echt en argeloos is. En die babyziel in ons glimlacht weemoedig bij de herkenning daarvan.

Hanoch McCarty

Amy Graham

Ik was moe toen ik na een hele nacht vliegen uit Washington aankwam in Denver om daar in de Mile High-Kerk drie diensten te leiden en een workshop te geven over het bewustzijn van welvaart. Toen ik de kerk binnenstapte, vroeg Dr Fred Vogt me: 'Hebt u wel eens gehoord van de Stichting Doe-Een-Wens?'
'Jawel,' antwoordde ik.
'Nou, Amy Graham heeft te horen gekregen dat ze leukemie heeft en niet meer te genezen is. Ze hebben haar nog drie dagen te leven gegeven. Haar laatste wens was om uw diensten te mogen bijwonen.'
Ik schrok ervan. Ik voelde een combinatie van ontroering, ontzag en twijfel. Ik kon het niet geloven. Ik dacht dat kinderen die op het punt stonden te sterven naar Disneyland wilden of Sylvester Stallone, Mr. T. of Arnold Schwarzenegger wilden ontmoeten. Maar hun laatste dagen besteden aan het luisteren naar Mark Victor Hansen? Waarom zou een kind dat nog maar een paar dagen te leven had naar een spreker als ik willen luisteren? Maar plotseling werden mijn gedachten onderbroken...
'Dit is Amy,' zei Vogt terwijl hij haar tere handje in de mijne legde. Voor me stond een meisje van zeventien met een helderrood-oranje tulband op het hoofd, dat kaal was geworden door alle chemotherapiebehandelingen. Haar tere lichaam was krom en zwak. Ze zei: 'Ik had mezelf twee doelen gesteld: eindexamen doen en naar uw preek luisteren. Mijn artsen geloofden niet dat ik die dingen zou kunnen doen. Ze dachten dat ik daarvoor niet de energie zou hebben. Ze hebben me uit het ziekenhuis ontslagen en me aan de zorgen van mijn ouders toevertrouwd... Dit zijn mijn vader en moeder.'
De tranen sprongen me in de ogen. Mijn keel was dichtgesnoerd. Ik was volkomen uit mijn evenwicht en zeer ontroerd. Ik

schraapte mijn keel, glimlachte en zei: 'Jij en je familie zijn onze gasten. Bedankt dat je hiernaar toe hebt willen komen.' We omhelsden elkaar, droogden onze ogen en gingen uit elkaar.
Ik heb in de Verenigde Staten, Canada, Nieuw-Zeeland en Australië veel bijeenkomsten van gebedsgenezers meegemaakt. Ik heb de beste genezers aan het werk gezien en ik heb bestudeerd, onderzocht, geluisterd, overdacht en nagevraagd wat daarin effect had en waarom.
Die zondag deed ik een workshop waarbij ook Amy en haar ouders aanwezig waren. De zaal was overvol; er waren meer dan duizend mensen, die allemaal dolgraag wilden leren om te groeien en vollediger mens te worden.
Ik vroeg de mensen in het publiek of ze een helingsproces wilden leren kennen waar ze de rest van hun leven iets aan zouden hebben. Vanaf het podium leek het wel alsof iedereen zijn hand opstak. Ze wilden er allemaal van leren.
Ik leerde de aanwezigen hoe ze met kracht hun handen tegen elkaar moesten wrijven en ze vervolgens tien centimeter van elkaar moesten houden om zo de helende kracht te kunnen voelen. Toen liet ik iedereen een partner zoeken, zodat ze konden voelen hoe die helende energie vanuit jezelf op een ander kon worden overgedragen. Ik zei: 'Als u genezing nodig hebt, dan is het daar nu het juiste moment voor.'
Het publiek was enthousiast en er heerste een sfeer van extase. Ik legde uit dat iedereen in principe beschikt over genezende krachten. Bij vijf procent van de mensen stroomt er zelfs zo'n kracht uit hun handen dat ze er hun beroep van kunnen maken. Ik zei: 'Vanmorgen werd ik voorgesteld aan Amy Graham, een meisje van zeventien. Het was haar laatste wens om bij deze workshop aanwezig te mogen zijn. Ik ga haar naar voren roepen en wil dat u allemaal uw genezende kracht in haar richting stuurt. Misschien kunnen we haar helpen. Ze heeft er niet om gevraagd. Ik doe dit helemaal spontaan, omdat ik het idee heb dat het goed is.'
Het publiek riep in koor: 'Ja! Ja! Ja!'
Amy's vader leidde haar het podium op. Ze zag er heel zwak uit door de chemotherapie, doordat ze te lang in bed had gelegen en doordat ze totaal geen oefeningen had gedaan (de artsen hadden haar in de twee weken daarvoor verboden te lopen).
Ik liet de mensen hun handen opwarmen en hun genezende ener-

gie in haar richting sturen, waarna ze haar met tranen in hun ogen een staande ovatie gaven.
Twee weken later belde ze me om me te vertellen dat ze genezen was en dat haar arts haar van verdere behandeling had ontslagen. Twee jaar later belde ze me om me te zeggen dat ze getrouwd was.
Ik heb geleerd nooit de genezende kracht te onderschatten waarover wij allemaal beschikken. Die is er altijd en die kan altijd ingezet worden. We moeten alleen niet vergeten dat we die in ons hebben.

Mark V. Hansen

Een verhaal voor Valentijnsdag

Larry en Jo Anne waren een heel gewoon stel. Ze woonden in een gewoon huis in een gewone straat. En net als alle andere gewone stellen hadden ze moeite om de eindjes aan elkaar te knopen en steeds te doen wat goed was voor hun kinderen.
Maar ze waren ook nog op een andere manier gewoon: ze hadden regelmatig ruzie. En die ruzies gingen vaak over wat er mis was in hun huwelijk en wiens schuld dat was.
Tot er op een dag een zeer bijzondere gebeurtenis plaatsvond.
'Jo Ann, ik heb gemerkt dat mijn klerenkast betoverd is. Elke keer als ik mijn laden opendoe, liggen ze vol schone sokken en ondergoed,' zei Larry. 'Ik wou je daar graag voor bedanken, dat je daar al die jaren al voor zorgt.'
Jo Ann staarde over de rand van haar bril naar haar man. 'Wat moet je van me, Larry?'
'Niets. Ik wilde je gewoon even zeggen dat ik die betoverde klerenkast zo waardeer.'
Het was niet voor het eerst dat Larry iets raars deed, dus Jo Ann besloot er verder geen aandacht aan te besteden.
Maar een paar dagen later zei Larry: 'Jo Ann, bedankt dat je zo weinig fouten hebt gemaakt bij het noteren van de nummers van de girocheques. Vijftien van de zestien waren goed; dat is een record!'
Jo Ann kon haar oren niet geloven en keek op van het verstelwerk waarmee ze bezig was. 'Larry, je klaagt altijd dat ik fouten maak bij het opschrijven van die nummers. Waarom nu ineens niet meer?'
'Daar heb ik geen speciale reden voor. Ik wilde je gewoon laten weten dat ik het op prijs stel dat je er moeite voor doet.'
Jo Ann schudde haar hoofd en ging door met haar verstelwerk. 'Wat bezielt hem ineens?' mompelde ze bij zichzelf.

Maar toch, toen Jo Ann de volgende dag bij de supermarkt een betaalkaart uitschreef, keek ze nog even in haar mapje om er zeker van te zijn dat ze het juiste chequenummer had genoteerd. 'Waarom vind ik die nummers nu ineens zo belangrijk?' vroeg ze zich af.
Ze probeerde het gebeurde uit haar hoofd te zetten, maar Larry ging zich steeds vreemder gedragen.
'Jo Ann, dat was heerlijk eten,' zei hij op een avond. 'Wat fijn dat je dat steeds doet. Ik heb het eens nageteld, maar in de afgelopen vijftien jaar heb je toch zeker veertienduizend keer eten klaargemaakt voor mij en de kinderen.'
En ook zei hij: 'Sjonge, Jo Ann, het huis ziet eruit om door een ringetje te halen. Je zult wel hard hebben gewerkt om het zo te krijgen.' En ook: 'Bedankt Jo Ann, dat je gewoon bent die je bent. Ik vind het echt fijn bij je.'
Jo Ann begon zich zorgen te maken. 'Waar blijft nou zijn sarcasme, al zijn kritiek?' vroeg ze zich af.
Haar vrees dat er iets bijzonders aan de hand was met haar echtgenoot werd bevestigd door haar dochter Shelly van zestien, die klaagde: 'Papa is niet goed bij zijn hoofd, mama. Hij zei net tegen me dat ik er leuk uitzag. Moet je kijken hoeveel make-up ik opheb en hoe slordig mijn kleren zitten. Maar hij zei het toch. Zo is papa toch niet, mam? Wat mankeert hem?'
Maar wat Larry ook mankeerde, het ging niet over. Dag in, dag uit ging hij door zich te concentreren op het positieve.
Na een aantal weken raakte Jo Ann langzamerhand gewend aan het ongebruikelijke gedrag van haar levensgezel en kon ze zich er zelfs nu en dan toe bewegen 'Dank je wel' tegen hem te zeggen.
Ze was er trots op dat ze het allemaal zo kon accepteren, totdat er op een dag iets bijzonders gebeurde waardoor ze helemaal uit haar evenwicht gebracht werd.
'Ik wil graag dat je even rust neemt,' zei Larry. 'Ik doe de afwas wel. Laat dus die koekepan maar staan en ga de keuken uit.'
Daar was ze een hele poos stil van. Toen zei ze: 'Bedankt Larry. Heel erg bedankt.'
Jo Ann had het gevoel dat ze op wolken liep. Haar zelfvertrouwen was aanmerkelijk gegroeid en af en toe liep ze te neuriën. Ook leek ze minder last te hebben van haar sombere buien. Ik geloof dat ik die nieuwe manier van doen van Larry wel prettig vind, dacht ze bij zichzelf.

Dat zou het einde van dit verhaal kunnen zijn, maar er gebeurde nog iets heel bijzonders. En deze keer was het Jo Ann die het woord nam.
'Larry,' zei ze, 'ik wil je bedanken voor het werk dat je doet en voor het inkomen dat je al die jaren al voor ons verdient. Ik heb geloof ik nog nooit tegen je gezegd dat ik dat erg in je waardeer.'
Larry heeft nooit gezegd hoe hij ertoe gekomen was zijn manier van doen zo te veranderen, hoe vaak Jo Ann ook moeite deed om hem daarover uit te horen. Het zou waarschijnlijk altijd een van de raadsels van het leven blijven. Maar wel een raadsel waarvoor ik dankbaar ben dat het me overkomen is.
Want die Jo Ann, dat ben ik namelijk.

Jo Ann Larsen
Desert News

Carpe diem

Een man die een uitzonderlijk voorbeeld is van iemand die durft te zeggen waar het op staat, is John Keating, de psychotherapeut die in *Dead Poets Society* wordt uitgebeeld door Robin Williams. In deze prachtige film richt Keating zich op een groep strak gedisciplineerde, gespannen en spiritueel gezien uitgebluste leerlingen op een stijve kostschool en inspireert hij hen ertoe iets bijzonders van hun leven te maken.
Deze jongens, zo leert Keating hen, zijn het zicht op hun dromen en ambities kwijtgeraakt. Ze doen in wezen niet anders dan proberen de verwachtingen die hun ouders voor hen koesteren waar te maken. Ze denken dat ze arts, advocaat of bankier willen worden omdat hun ouders hun hebben gezegd dat ze dat moeten worden. Maar deze ongeïnspireerde knapen hebben nauwelijks nagedacht over wat hun hart hun ingeeft dat ze zouden moeten zijn.
In een van de eerste scènes in de film zien we Keating met de jongens naar de hal van de school lopen, waar in een vitrine oude foto's te zien zijn van klassen die net eindexamen gedaan hebben. 'Kijk maar eens goed naar die foto's, jongens,' zegt Keating tegen de leerlingen. 'De jongens die jullie hier zien, hadden hetzelfde vuur in hun ogen als jullie nu hebben. Ze wilden de wereld stormenderhand veroveren en iets geweldigs doen met hun leven. Dat was zeventig jaar geleden. Nu liggen ze allemaal onder de groene zoden. Hoevelen van hen hebben echt hun dromen waar kunnen maken? Hebben ze inderdaad gedaan wat ze van plan waren geweest?' En dan buigt Keating zich naar de groep middelbare scholieren en fluistert: 'Carpe diem! Pluk de dag!'
Eerst weten de leerlingen niet wat ze van deze vreemde leraar moeten denken. Maar ze denken wel na over zijn woorden. En op den duur gaan ze Keating waarderen en zelfs bewonderen. Hij

heeft hun een nieuw zelfbeeld gegeven, of althans hun hun oude zelfbeeld teruggegeven.

> *We lopen allemaal rond met een soort verjaardagskaart die we weg zouden willen geven – een persoonlijke uiting van vreugde, creativiteit of levendigheid die we voor de buitenwereld verstopt houden.*

Knox Overstreet, een van de figuren in de film, is tot over zijn oren verliefd op een prachtig meisje. Het enige probleem is dat zij de vriendin is van een populaire knaap. Knox weet niet waar hij het zoeken moet van verliefdheid, maar mist het zelfvertrouwen om op haar af te stappen. Op een dag herinnert hij zich echter het advies van Keating: *pluk de dag!* Knox beseft dat hij een keer zal moeten ophouden met dromen. Als hij haar wil hebben, zal hij er iets voor moeten doen. En dat doet hij dan ook. Hij raapt al zijn moed bij elkaar en verklaart haar op poëtische wijze zijn diepste gevoelens. Nadat hij dit gedaan heeft, keert zij hem de rug toe, wordt hij door haar vriend op zijn gezicht geslagen en maakt hij nog allerlei andere teleurstellingen mee. Maar Knox is niet van plan zijn droom op te geven, dus blijft hij de vrouw van zijn hart najagen. Uiteindelijk beseft ze de echtheid van zijn gevoelens en opent ze haar hart voor hem. Knox is niet bijzonder knap om te zien en ook niet bijzonder populair, maar hij weet het meisje voor zich in te nemen door de kracht en de ernst van zijn bedoelingen.

Ik ben zelf ook eens in de gelegenheid geweest om 'de dag te plukken'. Ik was verliefd geworden op een leuk meisje dat ik in een dierenwinkel had ontmoet. Ze was jonger dan ik en leidde een totaal ander soort leven, zodat we niet veel gespreksstof hadden. Maar op de een of andere manier leek dat onbelangrijk. Ik genoot ervan om in haar gezelschap te zijn en ik voelde een vonk tussen ons overspringen. En ik had de indruk dat ze mijn gezelschap ook op prijs stelde.

Toen ik erachter kwam dat ze binnenkort jarig was, besloot ik haar mee uit te vragen. Toen ik haar wilde gaan bellen, heb ik wel een halfuur naar het telefoontoestel zitten staren. Ik draaide haar nummer, maar hing al op voordat hij was overgegaan. Ik voelde me net een middelbare-schoolleerling, heen en weer geslingerd tussen opgewonden verwachting en angst om afgewezen te wor-

den. Een stem uit de hel zei me steeds maar dat ze me toch niet aardig vond en dat ik me wel wat in mijn hoofd haalde door haar zo maar mee uit te vragen. Maar ik was zo enthousiast over ons samenzijn dat ik me door mijn angsten niet liet tegenhouden en ten slotte stond ik op om haar te bellen. Ze bedankte me voor mijn uitnodiging, maar zei dat ze al een andere afspraak had.
Ik voelde me alsof ik een klap in mijn gezicht had gekregen. Dezelfde stem die me gezegd had dat het toch allemaal geen zin had, adviseerde me nu om het maar op te geven voordat ik me nog meer in verlegenheid gebracht zou voelen. Maar ik wilde per se weten wat me zo in haar aantrok. Er leefde iets in me wat uitgedrukt wilde worden. Ik voelde iets voor deze vrouw, en dat wilde ik haar laten zien.
Ik ging naar het winkelcentrum en kocht een mooie verjaarskaart voor haar, waarop ik een dichterlijke gelukwens schreef. Ik liep de hoek om, naar de dierenwinkel waar ik wist dat ze werkte. Terwijl ik naar de winkel toe liep, riep diezelfde vervelende stem me tot de orde: 'En als ze je nou niet aardig vindt? Als ze je afwijst?' Ik voelde me kwetsbaar en stopte de kaart in mijn zak. Ik besloot dat ik de kaart aan haar zou geven als ze liet blijken dat ze me aardig vond, en dat ik hem in mijn zak zou houden als ze me koel tegemoettrad. Op die manier zou ik niet het risico lopen me afgewezen of verlegen te voelen.
We praatten een poosje met elkaar, maar ik kreeg verder geen signalen van haar, geen negatieve maar ook geen positieve. Ik voelde me niet op mijn gemak en wilde weggaan.
Maar toen ik vlak bij de deur was, hoorde ik een andere stem in me, op fluistertoon, een beetje zoals Keating had gesproken. 'Weet je nog van Knox Overstreet... *Carpe diem!*' Ineens voelde ik de confrontatie van mijn neiging me uit te spreken en mijn weerstand tegen de onzekerheid waarmee ik te maken zou krijgen als ik me emotioneel blootgaf. Hoe kan ik het nu verantwoorden dat ik tegen andere mensen zeg dat ze hun dromen serieus moeten nemen als ik dat zelf niet doe? Trouwens, wat was het ergste dat me zou kunnen overkomen? Iedere vrouw zou het op prijs stellen een poëtisch gestelde verjaarskaart te ontvangen. Ik besloot 'de dag te plukken', en toen ik deze keus gemaakt had, voelde ik een dosis moed door mijn aderen stromen. Wat ik wilde was inderdaad iets wat krachtig in mij leefde.

Ik voelde me voor het eerst sinds lange tijd vredig en tevreden met mijzelf... Ik moest gewoon leren mijn hart open te stellen en liefde te geven zonder daarvoor iets terug te verwachten.

Ik haalde de kaart uit mijn zak, draaide me om, liep naar de toonbank en gaf hem aan haar. Terwijl ik hem overhandigde, voelde ik me ongelooflijk opgewonden en bang (Fritz Perls heeft eens gezegd dat angst 'ademloze opwinding' is). Maar ik deed het wel. En weet je wat er gebeurde? Ze was nauwelijks onder de indruk. Ze zei: 'Bedankt', en legde de kaart opzij, zonder hem zelfs maar open te slaan. Mijn hart zonk me in de schoenen. Ik voelde me teleurgesteld en afgewezen. Helemaal geen reactie krijgen leek me zelfs erger dan rechtstreeks afgewezen worden.
Ik zei haar netjes gedag en liep de winkel uit. Maar toen gebeurde er iets verrassends. Ik voelde me uitgelaten. Tevredenheid golfde door me heen, overspoelde me en doortrok mijn hele wezen. Ik had mijn diepste gevoelens geuit en voelde me fantastisch! Ik had mijn angst overwonnen en me op de dansvloer begeven. Ja, ik was wel een beetje onhandig geweest, maar ik had het gedaan. (Emmet Fox heeft eens gezegd: 'Doe het desnoods met knikkende knieën, maar dóe het!') Ik had mijn hart opengesteld zonder de garantie dat er resultaat zou volgen. Ik had mijn gevoel naar haar toe opengesteld zonder dat ik de zekerheid had dat ik een bepaald antwoord zou krijgen.

De dynamiek die nodig is om willekeurig welke relatie in stand te houden, bestaat eruit dat je steeds je liefde laat blijken.

Mijn opwinding ging over in een warm gevoel van vredigheid. Ik besefte ineens wat de les was van deze ervaring: ik moest leren mijn hart te openen en liefde te geven zonder daarvoor iets terug te verwachten. En deze ervaring had niets te maken met het opbouwen van een relatie met deze vrouw, maar betekende een verdieping van de relatie met mijzelf. Dat had ik voor elkaar gekregen. Meneer Keating zou trots op me zijn geweest. Maar ik was vooral trots op mezelf.
Ik heb dat meisje daarna niet vaak meer gezien, maar die ervaring heeft mijn leven veranderd. Door die oppervlakkige interactie met haar ben ik duidelijk gaan zien hoe elke relatie – en misschien wel de hele wereld – in elkaar steekt: *laat steeds je liefde blijken.*

We denken dat we gekwetst zijn als we geen liefde ontvangen. Maar daar zit 'm de pijn niet in. We hebben pijn omdat we geen liefde géven. We zijn geboren om lief te hebben. Je zou kunnen zeggen dat we door God geschapen liefdesmachines zijn. We functioneren beter en krachtiger wanneer we liefde geven. De wereld om ons heen doet ons denken dat ons welzijn gebaseerd is op de liefde die andere mensen ons geven, maar dit is een misvatting die al heel wat problemen heeft veroorzaakt. De waarheid is dat ons welzijn afhangt van de liefde die we géven. Het gaat niet om wat we ervoor terugkrijgen, het gaat om wat er van ons uitgaat!

Alan Cohen

Ik ken jou. Je bent net als ik!

Een van onze beste vrienden is Stan Dale. Stan geeft een workshop over liefde en relaties onder de titel *Seks, liefde en intimiteit*. Enkele jaren geleden is hij met negenentwintig mensen voor twee weken naar de Sovjetunie gegaan om te kijken hoe het leven daar was. Toen we zijn verslag daarover lazen in zijn nieuwsbrief waren we zeer onder de indruk van de volgende anekdote.

Toen ik door een park liep in de industriestad Charkov, zag ik een oude Russische veteraan uit de Tweede Wereldoorlog. De veteranen zijn gemakkelijk te herkennen aan de medailles en lintjes die ze nog steeds trots op hun overhemd of jas dragen. Dit is geen uiting van zelfingenomenheid. Op die manier eert het land hen die geholpen hebben Rusland te redden, ook al zijn er twintig miljoen Russen gedood door de nazi's. Ik liep naar de oude man toe, die naast zijn vrouw zat, en zei: '*Druzjba i mir*' (vriendschap en vrede). De man keek me ongelovig aan, pakte het speldje aan dat we voor die gelegenheid hadden laten maken, met daarop in het Russisch het woord 'vriendschap' en kaartjes van de Verenigde Staten en de Sovjetunie, omhuld door zorgzame handen. '*Amerikanski!*' zei hij. '*Da, Amerikanski. Druzjba i mir*,' antwoordde ik. Hij omklemde mijn beide handen, alsof we broers waren die elkaar vele jaren niet hadden gezien, en zei nog eens: '*Amerikanski!*' Nu hoorde ik herkenning en liefde in zijn stem. De daaropvolgende minuten spraken hij en zijn vrouw Russisch alsof ik het verstond, en ik sprak Engels, alsof zij dat verstonden. En het wonderlijke was dat we beiden geen woord verstonden van wat de ander zei, maar dat we elkaar uitstekend begrepen. We omhelsden elkaar, lachten en huilden. En steeds zeiden we maar: '*Druzjba i mir, Amerikanski!*' 'Ik houd van jullie. Ik vind het fantastisch dat ik in jullie land ben. Wij willen geen oorlog. Ik houd van jullie!'

Na een minuut of vijf namen we afscheid van elkaar en ik liep verder met het groepje van zeven mensen waartoe ik behoorde. Ongeveer een kwartier later, een heel eind verderop, kwam diezelfde oude veteraan ons achterop. Hij liep naar me toe, haalde zijn Lenin-ordemedaille (waarschijnlijk zijn meest kostbare bezit) van zijn borst en speldde hem mij op mijn jas. Toen kuste hij me op de mond en omarmde me liefdevol. Toen barstten we beiden in tranen uit, keken elkaar diep in de ogen en zeiden: '*Da swidanja*' (tot ziens).

Het bovenstaande verhaal is tekenend voor onze hele 'burgerdiplomaten'-reis naar de Sovjetunie. Elke dag hebben we in alle mogelijke omstandigheden honderden mensen ontmoet en aangeraakt. Noch de Russen noch wijzelf zullen ooit weer zijn als daarvoor. Er zijn nu honderden schoolkinderen op de drie verschillende scholen die wij bezocht hebben, die niet meer zo gemakkelijk zullen denken dat de Amerikanen een volk vormen dat klaarstaat om hun een atoombom op de kop te gooien. We hebben gedanst, gezongen en gespeeld met kinderen van alle leeftijden, en daarna hebben we hen geknuffeld, gezoend en hebben we cadeautjes uitgewisseld. Zij gaven ons bloemen, taarten, speldjes, schilderijen, poppen, maar bovenal hun harten en een open geest.

Meer dan eens werden we uitgenodigd op bruiloften, waarbij we begroet en onthaald werden alsof we een hechte familierelatie met de mensen hadden. We omhelsden elkaar en dronken champagne, brandewijn en wodka, samen met bruid en bruidegom, maar ook met pa en ma en de rest van de familie.

In Kursk waren we ondergebracht bij zeven Russische gezinnen, die zich als vrijwilliger hadden opgegeven om ons een heerlijke avond met veel eten, drank en gesprekken te bezorgen. Vier uur later wilde niemand van ons weg. Onze groep heeft nu een complete nieuwe familie in Rusland.

De volgende avond hebben we onze 'familie' onthaald in ons hotel. De band speelde door tot het bijna middernacht was, en wat gebeurde er? Weer aten, dronken, praatten en huilden we totdat het tijd was om afscheid te nemen. We dansten alsof we hartstochtelijke minnaars waren, wat we natuurlijk ook waren.

Ik zou nog uren door kunnen vertellen over onze ervaringen, maar toch zou het onmogelijk zijn precies over te brengen hoe we ons voelden. Hoe zou u zich voelen als u in uw hotel in Moskou zou aankomen en daar een briefje bij de telefoon zou vinden, in het Russisch, waarin het bureau van Michael Gorbatsjov liet weten dat het hem speet dat hij ons dat weekend niet persoonlijk zou kunnen ontmoeten omdat hij de stad uit was, maar dat hij in plaats daarvan had geregeld dat onze hele groep gedurende twee uur een ronde-tafelgesprek zou kunnen voeren met een stuk of wat leden van het Centraal Comité? We hebben een zeer openhartig gesprek gehad over van alles en nog wat, onder andere over seks.

Hoe zou u zich voelen als een aantal oude dames, allemaal met een baboesjka bij zich, de trap van hun flatgebouw af zouden komen om u te omhelzen en te kussen? Hoe zou u zich voelen als uw gidsen, Tanja en Natasja, u en de hele groep zouden meedelen dat zij nog nooit zulke leuke mensen hadden ontmoet? Toen we vertrokken, moesten we allemaal huilen omdat we verliefd waren geworden op deze prachtige vrouwen, en zij op ons. Ja, hoe zou u zich daarbij voelen? Waarschijnlijk niet veel anders dan wij.

Ieder van ons maakte natuurlijk verschillende dingen mee, maar onze gezamenlijke ervaring liet maar een enkele conclusie toe: de enige manier waarop we ooit vrede kunnen bewerkstelligen op onze planeet is door de hele wereld als 'onze familie' te beschouwen. We zullen alle mensen moeten omhelzen en knuffelen. Met hen dansen en spelen. En met hen praten en wandelen en huilen. Want als we dat doen, zullen we zien dat iedereen inderdaad een prachtig mens is en dat het leven kaler en armer zou zijn zonder de anderen. Dan krijgen ook de woorden 'Ik ken jou. Je bent net als ik!' een wijdere betekenis. Dan gaan ze betekenen: 'Dit is mijn familie, en ik ben solidair met hen, wat er ook gebeurt!'

Stan Dale

Een lieve lust

Ten minste één keer per dag komt onze oude, zwarte kat naar ons toe op een manier die we bij ons thuis zijn gaan beschouwen als een speciaal verzoek. Ik bedoel niet dat hij eten wil hebben of naar buiten wil. Hij heeft behoefte aan iets heel anders.
Als er een schoot in de buurt is, springt hij erop. Als dat niet het geval is, zal hij verlangend blijven kijken totdat je gaat zitten en je knieën een schoot vormen. En als hij er eenmaal op ligt, begint hij al bijna te spinnen voordat je hem over zijn rug aait, onder zijn kin strijkt en tegen hem zegt dat hij een lieve poes is. Dan begint zijn motortje te brommen, wurmt hij zich in allerlei bochten om maar zo lekker mogelijk te zitten en spreidt hij zijn klauwtjes uit. Af en toe raakt zijn gespin ontregeld en klinkt het als geproest. Dan kijkt hij je aan met wijdopen ogen van aanbidding en sluit hij ze even in het allergrootste vertrouwen.
Na een tijdje wordt hij langzamerhand wat kalmer. Als hij het gevoel heeft dat het in orde is, blijft hij nog wel liggen om even een tukje te doen, maar voor hetzelfde geld springt hij van je schoot af en gaat hij verder zijn eigen gang. Het maakt hem niet zoveel uit; hij is tevreden.
Onze dochter zegt altijd: 'Blackie wil weer dat we hem spinnen.' En in ons huis is hij niet de enige met die behoefte: die heb ik ook, en mijn vrouw ook. En die behoefte is niet beperkt tot een leeftijdscategorie. Ik ben niet alleen vader, maar zit ook in het onderwijs, dus ik associeer de behoefte met jonge mensen, die vaak ineens zin hebben in een omhelzing, een warme schoot, een uitgestoken hand, een deken die wordt ingestopt, niet omdat er iets niet in orde is, maar gewoon omdat we zo in elkaar zitten.
Er is veel dat ik graag voor kinderen doe, maar als ik moest kiezen wat ik het belangrijkste vind, dan zou het zijn om ieder kind,

waar ook ter wereld, de garantie te geven dat het ten minste één goede knuffel per dag krijgt.
Kinderen moeten – net als katten – van tijd tot tijd spinnen.

Fred T. Wilhelms

Bopsy

De zesentwintigjarige moeder keek neer op haar zoon die leukemie had en stervende was. Hoewel haar hart vervuld was van droefheid, had ze ook een vastberaden gevoel over zich. Net als andere ouders wilde ze dat haar zoon zou opgroeien en al zijn dromen zou waarmaken. Nu was dat niet langer mogelijk. Dat lag aan de leukemie. Maar toch wilde ze dat de dromen van haar zoon waarheid zouden worden.
Ze pakte de hand van haar zoon en vroeg: 'Bopsy, heb je ooit bedacht wat je later graag had willen worden? Heb je ooit gedroomd over wat je in je latere leven had willen gaan doen?'
'Mama, ik wilde altijd brandweerman worden als ik groot ben.'
Mama glimlachte naar hem en zei: 'Laten we eens proberen of we ervoor kunnen zorgen dat je wens werkelijkheid wordt.' Later op de dag ging ze naar de brandweer in Phoenix, Arizona, waar ze woonde en waar ze in gesprek kwam met brandweerman Bob, die een hart had zo groot als de hele stad. Ze vertelde hem over de laatste wens van haar zoon en vroeg of het mogelijk was dat haar zoon van zes een blokje mee zou mogen rijden op een brandweerauto.
Brandweerman Bob zei: 'Luister, ik weet iets veel beters. Als u zorgt dat uw zoon woensdagochtend om zeven uur klaarstaat, benoemen we hem voor de hele dag tot erebrandweerman. Dan mag hij mee naar de brandweerkazerne en mag hij met ons mee-eten en meegaan als er brand is, de hele dag lang! Als u ons zijn maat geeft, zullen we zelfs een uniform voor hem laten maken, een echt brandweeruniform – geen speelgoeduniform – met het embleem van de brandweer van Phoenix erop, een gele oliejas, zoals wij die hebben, en rubber laarzen. Die worden allemaal hier in Phoenix gemaakt, dus we kunnen ze snel in huis hebben.'
Drie dagen later haalde brandweerman Bob Bopsy op, trok hem

zijn uniform aan en liep met hem van zijn ziekenhuisbed naar de wachtende ladderwagen. Bopsy nam achter op de wagen plaats en zo reden ze terug naar de kazerne. Bopsy was in de zevende hemel. Er waren die dag in Phoenix drie brandmeldingen en Bopsy ging alle drie de keren dat de brandweer uitrukte mee. Hij reed mee in de verschillende brandweerauto's, in het busje van de Eerste Hulp en in de auto van de brandweercommandant. Er werd ook een opname van hem gemaakt voor het plaatselijke televisiejournaal.

Doordat zijn droom werkelijkheid was geworden en hij zoveel liefde en aandacht had gekregen, was Bopsy zo ontroerd dat hij drie maanden langer leefde dan alle artsen voor mogelijk hadden gehouden.

Toen op een nacht zijn levenskrachten leken te wijken was de hoofdzuster, die geloofde in de stelregel dat geen mens in zijn eentje mag sterven, zijn familie op de hoogte gaan stellen. Toen herinnerde ze zich Bopsy's uitstapje naar de brandweer en belde ze ook de brandweercommandant met de vraag of het mogelijk zou zijn een brandweerman in uniform naar het ziekenhuis te sturen om erbij te zijn als Bopsy heenging. De commandant antwoordde: 'Ik weet iets veel beters. We zijn er over vijf minuten. Maar wilt u mij een plezier doen? Als u de sirenes hoort loeien en de zwaailichten ziet, wilt u dan over de intercom van het ziekenhuis laten omroepen dat er geen brand is, maar dat de brandweer nog één keer een van haar beste mensen komt bezoeken? En wilt u het raam van zijn kamer openzetten? Bedankt.'

Ongeveer vijf minuten later stopte er een ladderwagen bij het ziekenhuis. De ladder werd uitgeschoven naar het raam van Bopsy's kamer op de derde verdieping en veertien brandweermannen klommen de ladder op. Na toestemming van zijn moeder knuffelden ze hem allemaal en vertelden ze hem hoeveel ze van hem hielden.

Moeizaam ademend keek Bopsy op naar de brandweercommandant en vroeg: 'Commandant, ben ik nu echt een brandweerman?'

'Zeker wel, Bopsy,' zei de commandant.

Toen hij dat hoorde, verscheen er een glimlach op Bopsy's gezicht en sloot hij zijn ogen voor het laatst.

Jack Canfield en Mark V. Hansen

Ziggy© Ziggy and Friends

Jonge hondjes te koop

Een winkelier was bezig een bord boven de deur van zijn winkel te bevestigen waarop stond: JONGE HONDJES TE KOOP. Dat soort borden heeft altijd een grote aantrekkingskracht op kinderen, en het duurde dan ook niet lang voordat een klein jongetje onder het bord stil bleef staan. 'Hoeveel vraagt u voor die jonge hondjes?' vroeg hij.
De winkelier antwoordde: 'Tussen de dertig en vijftig dollar.'
Het jongetje haalde zijn portemonnee uit zijn zak en zei: 'Ik heb maar twee dollar en zevenendertig cent. Mag ik alstublieft even naar ze kijken?'
De winkelier glimlachte en floot voor zich uit. Van achter uit de winkel kwam Lady aanlopen, gevolgd door vijf heel kleine, zachte, behaarde balletjes. Eén van de hondjes bleef ver achter bij de andere. Het jongetje liet onmiddellijk zijn oog vallen op het achterblijvende, mank lopende hondje en vroeg: 'Wat mankeert dat hondje?'
De winkelier antwoordde dat de dierenarts het hondje had onderzocht en had geconstateerd dat het beestje een aangeboren afwijking had waardoor het altijd mank zou blijven lopen. Het jongetje werd er opgewonden van. 'Dát hondje wil ik kopen.'
De winkelier zei: 'Nee, je hoeft hem niet te kopen. Als je dat hondje echt zo graag wilt hebben, dan geef ik het gewoon aan je.'
Het jongetje raakte hiervan helemaal in de war. Hij keek de winkelier recht in de ogen en wees met zijn vinger in de richting van de man. 'Ik wil niet dat u hem aan mij geeft. Dat hondje is net zoveel waard als alle andere hondjes en ik betaal gewoon het hele bedrag. Ik geef u nu twee dollar zevenendertig en verder vijftig cent per maand, totdat ik het hele bedrag heb afbetaald.'
De winkelier antwoordde: 'Je moet dat hondje echt niet kopen. Hij zal nooit in staat zijn om te rennen en met je te spelen zoals de andere hondjes.'

Hierop bukte het jongetje zich en rolde zijn broekspijp op, waardoor een krom en kreupel linkerbeen met een grote metalen beugel eromheen zichtbaar werd. Hij keek de winkelier aan en zei zachtjes: 'Nou, ik kan zelf ook niet rennen, en dit hondje heeft iemand nodig die dat kan begrijpen!'

Dan Clark

2

LEREN VAN JEZELF TE HOUDEN

Oliver Wendell Holmes was eens op een bijeenkomst waar hij de kleinste van alle aanwezigen was.
Een kennis van hem probeerde geestig te zijn en zei: 'Meneer Holmes, u zult zich wel klein voelen tussen ons reuzen.'
'Ja, dat klopt,' zei Holmes. 'Ik voel me net een dubbeltje tussen allemaal stuivers.'

De Gouden Boeddha

En dit is mijn geheim – er is niets ingewikkelds aan – alleen met het hart kun je goed zien. Waar het om gaat is voor het oog niet zichtbaar.

Antoine de Saint-Exupéry

In het najaar van 1988 waren mijn vrouw Georgia en ik uitgenodigd om in Hongkong een inleiding te houden over het verband tussen zelfvertrouwen en het vermogen grote prestaties te leveren. Omdat we nooit eerder in het Verre Oosten waren geweest, besloten we onze reis te verlengen en ook nog een bezoek te brengen aan Thailand.
Toen we in Bangkok aankwamen besloten we de beroemdste boeddhistische tempels van de stad te gaan bezichtigen. Samen met onze tolk en onze chauffeur bezochten Georgia en ik die dag een groot aantal boeddhistische tempels, waar we ons echter al na betrekkelijk korte tijd nog maar weinig van herinnerden.
Maar er was één tempel die een onuitwisbare indruk op ons had gemaakt. Dat was de tempel van de Gouden Boeddha. De eigenlijke tempel was heel klein, waarschijnlijk niet groter dan tien bij tien meter. Toen we er binnenstapten waren we echter verbijsterd door de aanwezigheid van een ruim drie meter hoge, massief gouden Boeddha. Hij woog meer dan tweeëneenhalve ton en de waarde werd geschat op zo'n vierhonderdduizend gulden! Het was echt een indrukwekkend gezicht, om zo'n zachtaardig glimlachende maar wel massief gouden Boeddha op ons neer te zien kijken.
We lieten ons gaan in toeristisch gedrag (foto's nemen met daartussendoor veel oh's en ah's vanwege de Boeddha) en ik liep naar

een vitrine waarin zich een stuk klei van zo'n twintig centimeter dik en dertig centimeter lang bevond. Naast de vitrine hing een getypt vel papier waarop de geschiedenis van dit magnifieke kunstwerk te lezen stond.

In 1957 was een groep monniken van een klooster bezig geweest met het verplaatsen van een uit klei vervaardigd Boeddhabeeld omdat hun tempel afgebroken werd, omdat er op die plaats een snelweg door Bangkok aangelegd moest worden. Toen de reusachtige Boeddha door een kraan werd opgetild, bleek hij zo zwaar te zijn dat het beeld barsten begon te vertonen. Bovendien was het inmiddels begonnen te regenen. De abt van het klooster, die bang was dat de Boeddha schade zou oplopen, besloot het beeld weer te laten zakken en het te bedekken met een groot stuk zeil om het tegen de regen te beschermen.

Later die avond ging de abt nog eens naar het beeld kijken. Hij liet het licht van zijn zaklantaarn over de Boeddha gaan om te kijken of hij wel droog bleef. Toen hij het licht op de barst richtte, zag hij iets glinsteren, wat hem vreemd voorkwam. Toen hij wat beter keek, vroeg hij zich af of er misschien onder de klei iets anders zou zitten. Hij ging terug naar het klooster om een hamer en een beitel te halen en begon de klei weg te hakken. Naarmate hij vorderde, werd de glinsterende plek groter. Nadat hij zo vele uren aan het werk was geweest, stond de monnik oog in oog met deze buitengewone, massief gouden Boeddha.

Volgens de historici is enkele honderden jaren voor de ontdekking van deze monnik, het Birmese leger (toen Siam geheten) binnengevallen. De Siamese monniken, die beseften dat hun land onder de voet werd gelopen, hebben toen hun kostbare gouden Boeddha met een laag klei bedekt om te voorkomen dat hun schat zou worden geroofd. Helaas zijn de monniken naar het schijnt allemaal afgeslacht door de Birmezen, waardoor het geheim van de verborgen gouden Boeddha pas op die bewuste dag in 1957 aan het licht was gekomen.

Terwijl we met Cathay Pacific Airlines terug naar huis vlogen, dacht ik bij mezelf: zijn wij niet allemaal zoals deze Boeddha, uit angst bedekt met een harde laag, maar met binnenin een 'gouden Boeddha', een 'gouden Christus', of een 'gouden essentie', die ons werkelijke zelf is? Ergens onderweg, zo tussen ons tweede en negende levensjaar, beginnen we onze 'gouden essentie', ons natuurlijke zelf te bedekken. En net als de monnik met de hamer en beitel, staan ook wij voor de taak om onze werkelijke essentie weer aan het licht te brengen.

Jack Canfield

Begin bij jezelf

De volgende woorden staan op de graftombe van een bisschop (1100 n.Chr.) in de crypte van Westminster Abbey in Londen:

> Toen ik jong en ongebonden was en mijn fantasie geen beperkingen kende, droomde ik ervan de wereld te veranderen. Naarmate ik ouder en wijzer werd, ontdekte ik dat de wereld niet zou veranderen, dus besloot ik mijn horizon enigszins in te perken en alleen mijn eigen land te veranderen.
>
> Maar ook dit bleek onmogelijk.
>
> Toen ik in de schemering van mijn leven was aangeland, wilde ik in een allerlaatste poging nog proberen mijn familie te veranderen, de mensen die mij het meest na stonden. Maar helaas, zij wilden daar niet van weten.
>
> En nu, nu ik op mijn sterfbed lig, realiseer ik me ineens het volgende: *als ik nu eerst alleen mijzelf had veranderd,* zou ik met mijn goede voorbeeld ook mijn familie hebben kunnen veranderen.
>
> En dan zou ik vanuit hun inspiratie en bemoediging in staat zijn geweest mijn land te veranderen en, wie weet, misschien zelfs wel de hele wereld.

Anoniem

Niets dan de waarheid!

David Casstevens van de *Dallas Morning News* vertelde een verhaal over Frank Szymanski, een man die in de jaren veertig in het *footballteam* van de universiteit van Notre Dame speelde en die op een gegeven moment als getuige was opgeroepen in een civiele procedure voor de rechter van South Bend.
'Speelt u dit jaar weer in het team van Notre Dame?' vroeg de rechter.
'Jawel, edelachtbare.'
'Op welke plaats?'
'Midvoor, edelachtbare.'
'En speelt u daar goed, op die plaats?'
Szymanski schoof wat nerveus heen en weer op zijn stoel, maar zei toen met vaste stem: 'Meneer, ik ben de beste midvoor die Notre Dame ooit heeft gehad.'
Trainer Frank Leahy, ook aanwezig in de rechtszaal, was verbaasd dit uit zijn mond te horen. Szymanski was een bescheiden man, zonder pretenties. Toen dus de zitting afgelopen was, nam hij Szymanski apart en vroeg hem waarom hij die uitspraak gedaan had. Szymanski moest blozen.
'Ik had er grote moeite mee, meneer,' zei hij. 'Maar ja, ik stond ten slotte wel onder ede.'

Alle honken bezet

Ik hoorde een jongetje in zichzelf praten terwijl hij door de achtertuin van zijn huis liep met zijn honkbalpet op zijn hoofd en zijn bal en slaghout in de hand. 'Ik ben de beste honkballer ter wereld,' zei hij trots. Toen wierp hij de bal in de lucht, zwaaide met het slaghout en sloeg mis. Onverstoord pakte hij de bal op, gooide hem nogmaals in de lucht en zei nog eens: 'Ik ben de allerbeste honkballer.' Hij sloeg weer naar de bal, maar miste opnieuw. Toen inspecteerde hij bal en slaghout zorgvuldig, waarna hij de bal weer opgooide en zei: 'Ik ben de beste slagman die ooit bestaan heeft.' Hij zwaaide woest met het slaghout, maar miste weer.
'Wauw!' riep hij uit. 'Wat een werper!'

Bron onbekend

Een klein kind was bezig een tekening te maken. De onderwijzer zei: 'Wat een mooie tekening. Vertel er eens wat over.'
'Het is een tekening van God.'
'Maar niemand weet hoe God eruitziet.'
'Nou, maar als ik klaar ben wel, hoor.'

Hoe ik mijn zelfverzekerdheid uitte

Ik ben goed genoeg, als ik er maar voor uit zou komen.

Carl Rogers

Het volgende werd geschreven als antwoord op de vraag van een meisje van vijftien. De vraag luidde: 'Wat kan ik doen om een fijn leven te krijgen?'
Ik ben die ik ben.
Op de hele wereld is er niemand die precies is zoals ik. Er zijn mensen die een aantal dingen hetzelfde hebben als ik, maar niemand is in zijn geheel als ik. Daarom is ook alles wat van mij uitgaat authentiek voor mij, omdat ik degene ben die daarvoor gekozen heeft.
Ik bezit alles wat ik ben: mijn lichaam, en alles wat het doet; mijn geest, en alles wat die bedenkt; mijn ogen, met alle beelden die zij zien; mijn gevoelens, wat die ook mogen zijn – kwaadheid, vreugde, frustratie, liefde, teleurstelling, opwinding; mijn mond, met alle woorden die daaruit komen – vriendelijk, aardig, vervelend, gepast en ongepast; mijn stem, hard of zacht; en alles wat ik doe, jegens anderen of mezelf.
Ik bezit mijn fantasieën, mijn dromen, mijn hoop en mijn angsten.
Ik bezit al mijn overwinningen en successen, al mijn mislukkingen en fouten.
Omdat ik alles aan mijzelf bezit, kan ik mezelf goed leren kennen. Door dat te doen, kan ik van mezelf in al mijn aspecten leren houden. Ik kan ervoor zorgen dat al mijn verschillende delen zich inzetten voor mijn belang.
Ik weet dat er aspecten zijn aan mezelf die voor mijzelf een raad-

sel zijn en dat er andere aspecten zijn die ik niet ken. Maar zolang ik mezelf vriendelijk en liefhebbend tegemoettreed, kan ik moedig en hoopvol op zoek gaan naar de oplossingen voor de raadsels, en wegen proberen te vinden om meer over mezelf aan de weet te komen.

Hoe ik er ook uitzie en hoe ik ook klink, wat ik ook zeg en doe en wat ik ook op een gegeven moment van mezelf vind, dat ben ik. Dat alles is authentiek en is een uiting van wat ik op dat moment ben.

Als ik later terugdenk aan hoe ik eruitzag en wat ik zei en deed, hoe ik me voelde en hoe ik dacht, dan kan het zijn dat sommige dingen niet lijken te passen. Dan kan ik datgene wat niet past wegdoen, behouden wat wel blijkt te passen en iets nieuws bedenken voor wat ik als niet-passend heb weggedaan.

Ik kan zien, horen, voelen, denken, zeggen en doen. Ik beschik over de gereedschappen om te overleven, om dicht bij anderen te kunnen zijn, om produktief te kunnen zijn, om orde en zin in de wereld en in de mensen en de dingen buiten mij te ontdekken.

Ik bezit mijzelf en daarom kan ik mijzelf aanpassen.

Ik ben mezelf en daarom ben ik oké.

Virginia Satir

De zwerfster

Ze sliep vroeger altijd op het postkantoor in Fifth Street. Ik kon haar altijd al ruiken voordat ik de hoek omsloeg naar de ingang waar ze, rechtop staand, bij de openbare telefoons stond te slapen. Ik rook de urine die door de verschillende lagen van haar vervuilde kleding heen drong en de rottende geur uit haar bijna volkomen tandeloze mond. En als ze niet sliep, mompelde ze onsamenhangende woorden.
Tegenwoordig sluiten ze het postkantoor om zes uur om de daklozen buiten de deur te houden, dus vlijt zij zich nu neer op het trottoir, waar ze in zichzelf ligt te praten. Haar mond klapt open en dicht als een deur waarvan de hengsels loszitten en haar geur wordt verdund door de zachte bries.
Met Thanksgiving hadden we zoveel eten over dat ik het inpakte, mij bij de anderen excuseerde en naar Fifth Street reed.
Het was een koude avond. De bladeren dwarrelden over de straten en er was nauwelijks iemand buiten. Iedereen – op een paar pechvogels na – had een warm huis of anderszins een dak boven zijn hoofd. Maar ik wist dat ik haar op haar gewone plek zou aantreffen.
Ze was gekleed zoals altijd, zelfs 's zomers: de warme, wollige lagen kleding bedekten haar oude, kromme lijf. Haar benige handen omklemden haar kostbare boodschappenwagentje. Ze zat gehurkt tegen een hekwerk voor het speelveldje naast het postkantoor. Waarom zoekt ze niet een plekje waar ze wat meer beschutting tegen de wind heeft? vroeg ik me af, en ik bedacht dat ze waarschijnlijk zo gek was dat ze niet op het idee gekomen was om ergens in een portiek te gaan schuilen.
Ik zette mijn glimmende auto aan de stoeprand, draaide mijn raampje omlaag en zei: 'Moeder... zou u...', maar ik schrok ervan dat ik het woord 'moeder' gebruikt had. Maar ze was... is... zoiets, op een manier die ik niet goed begrijp.

Weer riep ik: 'Moeder, ik heb wat te eten voor u meegebracht. Hebt u trek in wat gevulde kalkoen en appeltaart?'
Hierop keek de oude vrouw mij aan en zei heel luid en duidelijk, terwijl haar twee tanden heen en weer bewogen in haar mond: 'O, dank je wel. Maar ik zit nu helemaal vol. Je moet het maar naar iemand anders brengen die het echt nodig heeft.' Haar stem klonk helder, en wat ze zei, getuigde van gevoel. Toen kon ik gaan; haar hoofd zakte weer weg tussen haar lompen.

Bobbie Probstein

Regels voor het menszijn

1. *Je krijgt een lichaam.*
   Het kan zijn dat je ervan houdt of er een hekel aan hebt, maar het is het jouwe voor de hele tijd dat je hier rondloopt.
2. *Je moet veel leren.*
   Je staat ingeschreven als interne leerling bij een leerinstituut dat Leven heet. Elke dag heb je op deze school de gelegenheid lessen te leren. Je kunt die lessen waarderen of je kunt denken dat ze onbelangrijk en stom zijn.
3. *Je maakt geen vergissingen, je leert alleen maar.*
   Groei is een proces van vallen en opstaan. Experimenteren heet dat. De 'mislukte' experimenten maken evenzeer deel uit van het leerproces als de experimenten die uiteindelijk wel 'lukken'.
4. *Elke les wordt herhaald totdat je hem kent.*
   Een les wordt je in verschillende vormen aangeboden, totdat je hem onder de knie hebt. Als je zover bent, kun je door naar de volgende les.
5. *Het leren gaat altijd door.*
   Er bestaat geen deel van het leven waarin niets geleerd hoeft te worden. Zolang je leeft, zijn er lessen te leren.
6. *'Daar' is niet beter dan 'hier'.*
   Als jouw 'daar' 'hier' is geworden, is er wel weer een ander 'daar' dat weer beter lijkt dan 'hier'.
7. *Anderen zijn niet meer dan weerspiegelingen van jezelf.*
   Het is onmogelijk iets in een ander lief te hebben of te haten zonder dat het iets weerspiegelt wat je in jezelf liefhebt of haat.

8. *Wat je van je leven maakt, heb je zelf in de hand.*
   Je beschikt over alle gereedschappen en hulpbronnen die je nodig hebt. Wat je ermee doet, heb je zelf in de hand. De keuze ligt bij jou.
9. *Je antwoorden liggen bij jezelf.*
   De antwoorden op de levensvragen liggen in jezelf. Het enige dat je hoeft te doen is: kijken, luisteren en vertrouwen hebben.
10. *Dit alles zul je vergeten.*
11. *Je zult het je herinneren zodra je het nodig hebt.*

Anoniem

3

OVER OUDERSCHAP

Misschien is de grootste dienst die iemand kan verrichten voor het vaderland en voor de mensheid in het algemeen wel het opvoeden van kinderen.

George Bernard Shaw

Kinderen leren wat ze leven

Als kinderen leren leven met kritiek
    leren ze veroordelen.

Als kinderen leren leven met vijandigheid
    leren ze vechten.

Als kinderen leren leven met angst
    leren ze achterdochtig te zijn.

Als kinderen leren leven met medelijden
    leren ze zelfmedelijden te hebben.

Als kinderen leren leven met spot
    leren ze verlegen te zijn.

Als kinderen leren leven met jaloezie
    leren ze wat afgunst is.

Als kinderen leren leven met schaamte
    leren ze zich schuldig te voelen.

Als kinderen leren leven met tolerantie
    leren ze geduldig te zijn.

Als kinderen leren leven met bemoediging
    leren ze vertrouwen te hebben.

Als kinderen leren leven met lof
    leren ze waardering te hebben.

Als kinderen leren leven met waardering
 leren ze van zichzelf te houden.

Als kinderen leren leven met aanvaarding
 leren ze liefde te vinden in de buitenwereld.

Als kinderen leren leven met erkenning
 leren ze zich een doel te stellen.

Als kinderen leren delen met anderen
 leren ze vrijgevig te zijn.

Als kinderen leren leven in eerlijkheid en
rechtvaardigheid
 leren ze wat waarheid en gerechtigheid is.

Als kinderen leren leven in een gevoel van veiligheid
 leren ze vertrouwen te hebben in zichzelf en in
 anderen.

Als kinderen leren leven met vriendelijkheid
 leren ze dat het fijn is om te leven.

Als kinderen leren leven in rust
 leren ze wat het is om in vrede met jezelf te leven.

Hoe leren uw kinderen leven?

Dorothy L. Nolte

Waarom ik mijn pa als vader heb uitgekozen

Ik ben opgegroeid op een prachtige grote boerderij in de staat Iowa, met ouders van wie veel mensen vinden dat zij 'het zout der aarde' en de 'ruggegraat van de gemeenschap' zijn. Zij waren alles wat je van goede ouders verwacht: ze hielden veel van hun kinderen en hadden idealen over het opvoeden van kinderen met hoge verwachtingen en een goed gevoel van eigenwaarde. Ze verwachtten van ons dat we 's ochtends en 's avonds allerlei klusjes deden, dat we op tijd op school waren, daar goede cijfers haalden en dat we ons goed gedroegen.
We waren thuis met zes kinderen. Zes kinderen! Het was niet mijn idee, zo'n groot gezin, maar ja, niemand heeft mij van tevoren mijn mening gevraagd. En om het allemaal nog erger te maken, had het lot me neergeplant in het midden van de Verenigde Staten, in een hard en streng klimaat. Zoals alle kinderen dacht ook ik dat er sprake was geweest van een vreselijke vergissing, dat ik in het verkeerde gezin geplaatst was en zeker in de verkeerde staat. Ik had er een hekel aan om te moeten opboksen tegen de elementen. De winters in Iowa zijn zo stervenskoud dat je regelmatig midden in de nacht de ronde moet doen om te kijken of er geen vee op plekken staat waar het dood zou kunnen vriezen. Pasgeboren beesten moeten naar de stal gebracht worden en soms moesten we ze verwarmen om hun het leven te redden. Zó koud zijn de winters in Iowa!
Mijn vader, een ongelooflijk knappe, sterke, charismatische en energieke man, was iemand die altijd in beweging was. Mijn broers en zusters en ik keken vol ontzag naar hem op. We achtten hem zeer hoog, en nu begrijp ik pas waarom. Er waren geen ongerijmdheden in zijn leven. Hij was een achtenswaardig man, iemand met hoge principes. Het boerenbedrijf, waar hij zelf voor had gekozen, was zijn passie. Daarin was hij ook op zijn best. Hij

zorgde graag voor de beesten, voelde zich één met de grond en hield van het zaaien en oogsten van de gewassen. Hij weigerde buiten het daarvoor bestemde seizoen te jagen, ook al liepen er veel herten, fazanten, patrijzen en ander wild over onze landerijen. Hij weigerde kunstmest te gebruiken of de beesten met iets anders te voeden dan natuurlijke granen. Hij vertelde ons ook waarom hij dit deed en waarom wij dezelfde idealen zouden moeten koesteren. Nu pas kan ik zien hoe consciëntieus hij was: toen leefden we namelijk in de jaren vijftig, een tijd waarin er nog geen sprake was van een wereldomvattende milieubeweging.

Vader was ook een zeer geduldig mens, behalve als hij midden in de nacht op zijn late ronde nog naar de beesten ging kijken. De relatie die we in die tijd met elkaar hadden was onvergetelijk en die heeft dan ook een stempel gedrukt op mijn leven. Ik heb zo ontzettend veel over hem geleerd. Vaak hoor ik mannen en vrouwen zeggen dat ze maar zo weinig tijd in het gezelschap van hun vaders hebben doorgebracht. Daarom is het centrale punt in mannenpraatgroepen tegenwoordig ook het zoeken naar de vader die men nooit echt goed gekend heeft. Maar ik heb de mijne wel goed gekend.

In die tijd had ik het gevoel dat ik zijn lievelingskind was, maar het is heel goed mogelijk dat ieder van ons zessen dat gevoel heeft gehad. Het had tegelijkertijd iets positiefs en iets negatiefs om dat te voelen. Het negatieve was dat ik degene was die midden in de nacht en 's ochtends vroeg met vader mee moest naar de stallen, en ik had er een grote hekel aan om mijn warme bed te moeten verlaten om de vrieskou in te gaan. Mijn vader was op die momenten echter op zijn best, en heel aardig. Hij was heel begripvol en vriendelijk en hij kon goed luisteren. Zijn stem was zacht en als ik naar zijn glimlach keek, kon ik begrijpen wat mijn moeder in hem zag.

Bij die gelegenheden was hij een voorbeeldig leraar. Altijd was hij bezig met de vraag naar het waarom, naar de redenen waarom je iets deed. Hij kon eindeloos lang praten, meestal minstens een uur, de tijd die we nodig hadden om de ronde te maken. Dan praatte hij over wat hij in de oorlog had meegemaakt, het waarom van de oorlog waarin hij had gevochten, over de landstreken waar de oorlog zich had afgespeeld, de bevolking en over de tijd erna. Steeds weer vertelde hij zijn verhaal. Daarom vond ik op school de geschiedenislessen ook zo interessant en vertrouwd.

Hij praatte over wat hij had geleerd van zijn reizen en over de redenen waarom het zo belangrijk was om te reizen. Van hem heb ik mijn verlangen naar en liefde voor het reizen. Toen ik dertig was had ik dan ook al een stuk of dertig landen bezocht.

Hij praatte over de behoefte aan en de liefde voor het studeren en over de redenen waarom een goede opleiding zo belangrijk is. Over het verschil tussen intelligentie en wijsheid. Hij wilde heel graag dat ik verder zou gaan studeren na de middelbare school. 'Je kunt het,' zei hij steeds maar weer. 'Je bent een echte Burres. Je bent slim, je hebt een goed stel hersens en je bent een Burres. Vergeet dat niet.' Ik kon hem met geen mogelijkheid teleurstellen. Ik had ook ruim voldoende zelfvertrouwen om welke studie dan ook aan te pakken. Uiteindelijk promoveerde ik en later behaalde ik zelfs nog een tweede doctorsgraad. Het was wel zo dat het eerste doctoraat voor pa was en het tweede voor mijzelf, maar ik had bepaald wel een soort nieuwsgierigheid over me waardoor ik beide studies gemakkelijk kon volbrengen.

Hij praatte over normen en waarden, over het ontwikkelen van je karakter en over de rol die karakter speelt in iemands leven. Ik schrijf en praat in mijn werk over soortgelijke onderwerpen. Hij sprak over het nemen van beslissingen en het evalueren daarvan. Wanneer moet je je verlies nemen en wegwezen, wanneer moet je vol zien te houden, zelfs als je tegenstand ondervindt. Hij praatte over *zijn en worden* als tegengestelden van *hebben en krijgen*. Ik zeg het zelf ook nog vaak. 'Ontken nooit wat je hart je ingeeft,' zei hij. Hij praatte over wat je instinctief aanvoelt en hoe je verschil moet maken tussen dat gevoel en andere emoties, en over hoe je kon voorkomen dat je door anderen bij de neus genomen werd. Hij zei: 'Luister altijd naar je instinct en wees je ervan bewust dat alle antwoorden die je ooit nodig zult hebben in jezelf te vinden zijn. Trek je terug op jezelf en neem er de tijd voor. Wees stil en luister naar die antwoorden. Ga naar iets op zoek wat je graag doet en leef dan een leven waarin dat blijkt. Je doelstellingen moeten in overeenstemming zijn met je waarden; dan zal er liefde van je werk afstralen. Op die manier ga je ook allerlei domme afleidingen uit de weg, waarmee je alleen maar tijd verspilt. Denk eraan: tijd is belangrijk in je leven. Zorg dat je zoveel mogelijk groeit in de tijd die je gegeven is. Wees zorgzaam voor mensen,' zei hij. 'En toon altijd respect voor Moeder Aarde.

Waar je ook terechtkomt, zorg er altijd voor dat je bomen, de hemel en het land kunt zien.'

Mijn vader. Als ik erover nadenk hoe belangrijk hij zijn kinderen vond en hoeveel hij van hen hield, word ik verdrietig om al die jonge mensen die hun vaders nooit op zo'n manier zullen kennen of die nooit zullen weten welke kracht er uit kan gaan van een combinatie van karakter, ethiek, energie en gevoeligheid in een persoon. Mijn vader gaf in wat hij zei vorm aan het leven. En ik wist dat hij altijd oprecht was tegenover mij. Ik wist dat hij mij dat waard vond en dat hij wilde dat ik die waarde in mijzelf zou herkennen.

Vaders boodschap betekende iets voor me omdat ik geen tegenstrijdigheden zag in zijn manier van leven. Hij had over zijn leven nagedacht en leefde vanuit die gedachten. In de loop van de jaren heeft hij verschillende boerderijen gekocht (hij is nog altijd even actief). Hij heeft zijn hele leven lang gehouden van de vrouw met wie hij trouwde. Mijn moeder en hij zijn nu bijna vijftig jaar bij elkaar en ze zijn nog altijd even onafscheidelijk en even verliefd. Ook van zijn gezin heeft hij altijd heel veel gehouden. Vroeger dacht ik dat hij erg bezitterig en overmatig beschermend was tegenover zijn kinderen, maar nu ik zelf kinderen heb, begrijp ik waarom dat zo leek en zie ik de relativiteit daarvan in. Zo dacht hij bijvoorbeeld dat hij kon voorkomen dat wij de mazelen zouden krijgen (wat hem nog bijna lukte ook) en verzette hij zich er uit alle macht tegen dat we ons slechte gewoontes eigen zouden maken. Ik zie nu ook hoe vastbesloten hij was om ervoor te zorgen dat wij liefhebbende en verantwoordelijke ouders zouden worden.

Tot op de dag van vandaag wonen vijf van zijn zes kinderen binnen een straal van enkele kilometers bij hem vandaan. Ze hebben ook allemaal zijn stijl van leven overgenomen. Ze zijn allemaal toegewijde echtgenoten en ouders en ze hebben ook allemaal voor het boerenbedrijf gekozen. Ze vormen ongetwijfeld de ruggegraat van hun gemeenschap. Er is maar één uitzondering, en ik denk dat dat ligt aan die avonden dat ik met hem de ronde deed. Ik ben een andere richting opgegaan dan de vijf andere kinderen. Ik ben mijn carrière begonnen als leraar, adviseur en hoogleraar aan een universiteit en na verloop van tijd ben ik boeken gaan schrijven voor ouders en kinderen, waarin ik heb geprobeerd uit te dragen wat ik thuis had geleerd over de ontwikkeling van het zelfvertrouwen tijdens de kinderjaren. Mijn boodschap aan mijn dochter is – met kleine veranderingen – gebaseerd op de waarden die ik van mijn vader geleerd heb, al is alles natuurlijk wel gekleurd door mijn eigen levenservaring. Ook die wordt natuurlijk weer doorgegeven.

Ik wil u graag het een en ander vertellen over mijn dochter. Ze is een jongensachtig type, één meter tachtig lang en zeer sportief. Ze haalt altijd hoge cijfers en is net uitgeroepen tot finaliste in de verkiezing van Miss Teenager van de staat Californië. Maar het zijn niet haar uiterlijke kwaliteiten die me herinneren aan mijn ouders. De mensen zeggen vaak dat mijn dochter zo'n vriendelijkheid uitstraalt, een soort spiritualiteit, een vuur diep binnen in haar, dat naar buiten toe uitstraalt. Het wezen van mijn ouders wordt gepersonifieerd in mijn dochter.

Dat mijn ouders hun kinderen zelfvertrouwen hebben bijgebracht, heeft ook op henzelf een zeer gunstige uitwerking gehad. Terwijl ik dit opschrijf, zit mijn vader in de Mayo-kliniek in Rochester, Minnesota, waar hij een hele serie onderzoeken moet ondergaan, die volgens schema zes tot acht dagen in beslag zullen nemen. Het is december, en vanwege de strenge winter heeft hij een hotelkamer genomen in de buurt van de kliniek. Omdat mijn moeder thuis verplichtingen had, kon zij alleen de eerste paar dagen bij hem blijven, waardoor ze op kerstavond niet samen waren.

Die avond heb ik eerst mijn vader in Rochester gebeld om hem een goede kerst te wensen. Hij klonk bedroefd en depressief. Toen belde ik mijn moeder in Iowa. Zij was neerslachtig en terneergeslagen. 'Dit is de eerste keer dat je vader en ik met kerst niet bij elkaar zijn,' klaagde ze. 'Het is gewoon geen Kerstmis als hij er niet is.'

Ik verwachtte veertien gasten voor het diner en was helemaal voorbereid op een feestelijk avondje. Ik ging weer naar de keuken, maar kon het probleem van mijn ouders niet uit mijn hoofd zetten, dus belde ik mijn oudere zus, die op haar beurt weer met mijn boers belde. We overlegden telefonisch met elkaar en regelden het. We wilden niet dat onze ouders kerstavond gescheiden van elkaar zouden doorbrengen en hadden besloten dat mijn jongste broer de twee uur durende rit naar Rochester zou maken

om mijn vader op te halen en hem, zonder dat mijn moeder het wist, naar huis te brengen. Ik belde mijn vader om hem van het plan op de hoogte te brengen. 'O nee,' zei hij, 'het is veel te gevaarlijk om op zo'n avond zo'n rit te maken.' Toen mijn broer in Rochester aankwam, ging hij naar het hotel waar mijn vader verbleef en belde hij mij vanuit de hotelkamer om me te zeggen dat mijn vader weigerde mee te gaan. 'Jij moet het maar tegen hem zeggen, Bobbie. Naar jou luistert hij wel.'
'Doe het maar wel, papa,' zei ik zacht.
En hij deed het. Tim en mijn vader vertrokken naar Iowa. Wij, de andere kinderen, hielden bij hoe ze vorderden doordat we contact hielden via de autotelefoon van mijn broer. Inmiddels waren mijn gasten gearriveerd en ze raakten allemaal betrokken bij deze onderneming. Steeds als de telefoon ging, schakelde ik de luidspreker in zodat iedereen het laatste nieuws kon horen. Het was even na negen uur toen de telefoon ging en mijn vader zei: 'Bobbie, hoe kan ik nou thuiskomen zonder een cadeautje voor je moeder? Het zou voor het eerst zijn in bijna vijftig jaar dat ik geen parfum voor haar heb met Kerstmis!' Inmiddels was mijn hele gezelschap zich met het probleem aan het bemoeien. We belden mijn zuster om van haar te horen welke winkelcentra in die buurt nog open waren, zodat ze daarlangs zouden kunnen rijden om het enige cadeau te kopen dat mijn vader aan mijn moeder wilde geven: parfum van hetzelfde merk dat hij haar elk jaar met Kerstmis cadeau deed.
Om acht minuten voor tien die avond verlieten mijn broer en mijn vader een klein winkelcentrum in Minnesota om de reis naar huis te aanvaarden. Om tien voor twaalf reden ze de oprijlaan naar de boerderij op. Mijn vader, die zich gedroeg als een giechelende schooljongen, ging uit het zicht om de hoek van het huis staan.
'Mama, ik ben vandaag bij papa op bezoek geweest en hij heeft me gevraagd zijn vuile was bij jou af te geven,' zei mijn broer, terwijl hij haar de koffers overhandigde.
'O,' zei ze zacht en bedroefd, 'ik mis hem toch zo. Ik kan eigenlijk maar het beste meteen die was gaan doen.'
Toen stapte mijn vader te voorschijn en zei: 'Daar zul je geen tijd voor hebben!'
Nadat mijn broer me gebeld had om me op de hoogte te brengen

van deze aandoenlijke scène tussen onze ouders – die twee kameraden en minnaars – belde ik mijn moeder om haar een fijne kerst te wensen.
'O, jullie kinderen...' zei ze met krakende stem. Ze probeerde duidelijk haar tranen weg te slikken en was niet in staat verder te praten. Mijn gasten juichten haar toe.
Hoewel ik drieduizend kilometer bij hen vandaan was, was dit toch een van de meest bijzondere kerstavonden die ik met mijn ouders heb meegemaakt. Tot op de dag van vandaag zijn mijn ouders dus nooit meer gescheiden geweest op kerstavond. Dankzij hun kinderen, maar natuurlijk ook dankzij het prachtige huwelijk dat ze hebben.
'Goede ouders,' zei Jonas Salk ooit eens tegen me, 'geven hun kinderen wortels en vleugels. Wortels zodat ze weten waar hun thuis is, en vleugels om weg te vliegen en in praktijk te brengen wat hun geleerd is.' Als het aan de ouders ligt dat je leert wat nodig is om een betekenisvol leven te leiden en een veilig nest te hebben waar je altijd op terug kunt vallen, dan heb ik, geloof ik, mijn ouders goed gekozen. Deze afgelopen kerst heb ik pas ten volle begrepen waarom deze mensen *per se* mijn ouders moesten zijn. Hoewel mijn vleugels me over de hele aardbol hebben gevoerd en uiteindelijk in het prachtige Californië hebben gebracht, vormen de wortels die mijn ouders me hebben gegeven voor altijd een onuitwisbaar fundament.

Bettie B. Youngs

De dierenschool

Op zekere dag bepaalden de dieren dat ze een daad moesten stellen om iets te doen aan de problemen met de 'nieuwe wereld'. Ze bedachten dat ze een school moesten oprichten.
Ze stelden een lesrooster op met de vakken hardlopen, klimmen, zwemmen en vliegen. Om alles makkelijker te kunnen registreren, kregen alle dieren les in alle vakken.
De eend was een uitstekend zwemmer, eigenlijk zelfs beter dan zijn leraar, maar hij kon maar net meekomen als het om vliegen ging, en voor hardlopen kreeg hij een dikke onvoldoende. Omdat het hardlopen hem zo slecht afging, moest hij nablijven en ten slotte het zwemmen eraan geven om zich toe te leggen op het hardlopen. Dit bleef hij volhouden totdat zijn zwemvliezen versleten waren en hij nog maar een matige zwemmer was. Matig was echter goed genoeg op school, dus niemand maakte zich er druk over, behalve de eend.
De haas was de beste van de klas bij het hardlopen, maar stortte toen in omdat hij zich zo moest inspannen bij het zwemmen.
De eekhoorn was een uitstekend klimmer, totdat hij bij vliegles erg gefrustreerd raakte toen zijn leraar hem op de grond wilde laten starten in plaats van boven in een boom. Omdat hij zich zo druk maakte, kreeg hij uiteindelijk maar een matig cijfer voor vliegen en een dikke onvoldoende voor hardlopen.
De adelaar was een probleemkind en kreeg het zwaar te verduren. Bij de klimles was hij als eerste van allemaal boven in de boom, maar hij stond er wel op dat hij dat op zijn eigen manier mocht doen.
Aan het einde van het jaar bleek de leerling met de beste cijfers een vreemdsoortige aal te zijn, die uitstekend kon zwemmen maar ook kon hardlopen, klimmen en een beetje vliegen.
De prairiehonden gingen niet naar school en verzetten zich tegen

het betalen van schoolgeld omdat het bestuur graven in de grond niet in het lesprogramma wilde opnemen. Zij deden hun kinderen in de leer bij een das, maar verenigden zich later met de aardvarkens en de wangzakratten en richtten een succesvolle privéschool op.
Zou dit verhaal een moraal hebben?

George H. Reavis

Aangeraakt

Ze is mijn dochter en ze is op het ogenblik ten prooi aan de normale onrust van een zestienjarige. Nadat ze onlangs een tijdje ziek is geweest, heeft ze nu net gehoord dat haar beste vriendin binnenkort zal gaan verhuizen. Op school ging het minder goed dan zij had gehoopt, trouwens ook minder goed dan haar moeder en ik hadden gehoopt. Ze lag in bed met een stapel dekens over zich heen, en straalde een en al droefenis uit. Ik wilde dat ik wat voor haar kon doen en alle problemen kon verjagen die zich in haar jonge brein hadden vastgezet. Maar al wilde ik nog zo graag haar pijn verlichten, ik realiseerde me ook dat het belangrijk was om voorzichtig te handelen.
Als gezinstherapeut weet ik heel goed hoe verkeerd uitingen van intimiteit tussen vaders en dochters kunnen zijn, vooral bij cliënten wier leven verwoest is door seksueel misbruik. Ik ben me er ook van bewust hoe gemakkelijk zorgzaamheid en nabijheid geseksualiseerd kunnen worden, vooral bij mannen voor wie het emotionele onbekend terrein is en die elke uiting van vriendelijkheid aanzien voor een uitnodiging tot seksuele intimiteit. Wat was het gemakkelijk om haar te omarmen en te troosten toen ze nog maar twee of drie jaar oud was, en zelfs nog toen ze zeven was. Maar nu leken haar lichaam en het mijne en de maatschappij samen te zweren tegen de vertroosting die ik mijn dochter wilde geven. Hoe kon ik haar troosten terwijl ik er tegelijkertijd voor zorgde dat ik de noodzakelijke grenzen die er bestaan tussen een vader en zijn tienerdochter niet overschreed? Ik vroeg haar of ik haar rug mocht wrijven. Zij stemde daarin toe.
Terwijl ik me excuseerde voor het feit dat ik een tijdje was weggeweest, masseerde ik voorzichtig haar benige rug en gespannen schouders. Ik legde uit dat ik net terug was van de internationale rugwrijfkampioenschappen, waar ik vierde was geworden. Ik zei

haar dat het moeilijk was het rugwrijven van een bezorgde vader te overtreffen, zeker als hij een rugwrijvende, bezorgde vader van wereldklasse is. Terwijl ik met mijn handen en vingers probeerde haar vastzittende spieren los te maken en de spanningen van haar jonge leventje probeerde te verdrijven, vertelde ik haar alles over de wedstrijden en de andere deelnemers.
Ik vertelde haar over een verschrompelde Aziaat die derde was geworden. Omdat hij zijn hele leven acupunctuur en acupressuur had gestudeerd, kon hij al zijn energie in zijn vingers concentreren en had hij het rugwrijven tot een ware kunst verheven. 'Hij prikte en wreef met de precisie van een prestidigitateur,' vertelde ik, waarbij ik mijn dochter een kleine demonstratie gaf van wat ik van de oude man geleerd had. Ze gromde. Ik was er niet zeker van of dat kwam door mijn taalgebruik of mijn aanraking. Toen vertelde ik haar over de vrouw die tweede was geworden. Zij was uit Turkije afkomstig en had vanaf haar kinderjaren de kunst van het buikdansen beoefend, waardoor ze in staat was spieren in vloeiende bewegingen te laten rollen. Als zij iemand over de rug wreef, wekte ze in de vermoeide spieren het verlangen om te vibreren, te trillen en te dansen. 'Zij liet haar vingers lopen en de spieren volgden vanzelf,' zei ik terwijl ik daar een demonstratie van gaf.
'Dat is gek,' klonk het van onder het kussen. Bedoelde ze mijn opmerking of mijn aanraking?
Toen wreef ik gewoon maar zo'n beetje over mijn dochters rug. En na een tijdje vroeg ze: 'En wie eindigde er als eerste?'
'Dat geloof je nooit!' zei ik. 'Dat was een baby!' En ik legde uit hoe de zachte, vertrouwende aanrakingen van een klein kind dat de wereld van huid en reuk en smaak onderzoekt, aanvoelen als geen andere aanraking. Zachter dan zacht. Onvoorspelbaar, voorzichtig, zoekend. Kleine handjes zeggen meer dan woorden ooit kunnen uitdrukken. Dat heeft met nabijheid te maken. En met vertrouwen. Over onbaatzuchtige liefde. En toen raakte ik haar zacht en voorzichtig aan, zoals ik van het kindje geleerd had. Ik moest sterk terugdenken aan haar eigen kinderjaren, toen ik haar had vastgehouden en had gewiegd, kijkend hoe ze om zich heen tastte en probeerde te groeien. Ik realiseerde me dat zij feitelijk het kleine kind was dat me had geleerd hoe een kind aanraakt.

Nadat ik haar nog een tijdje zachtjes en in stilte over haar rug had gewreven, zei ik dat ik blij was dat ik zoveel had kunnen opsteken van de beste rugwrijvers ter wereld, en ik vertelde haar ook hoe ik erin was geslaagd een goede rugwrijver te worden voor een zestienjarige dochter die met pijn in haar lijf volwassen probeerde te worden. In stilte zei ik een dankgebedje dat dit leven mij in handen was gegeven en dat ik gezegend was met het wonder dat ik een deeltje ervan mocht aanraken.

Victor Nelson

Ik houd van je, m'n jongen

Een gedachte die bij me opkwam toen ik mijn zoon naar school reed: goedemorgen, jongen. Je ziet er piekfijn uit in je welpenuniform, lang niet zo dik als je ouweheer toen die bij de welpen zat. Ik geloof niet dat mijn haar zo lang was – tenminste niet voordat ik naar de universiteit ging – maar ik denk dat ik je overal wel zou herkennen als mijn zoon: het haar een beetje verwaarloosd rondom de oren, een beetje een slepende tred, rimpels in je knieën... We kennen elkaar zo langzamerhand wel...
Nu je acht bent, merk ik dat ik je een stuk minder vaak zie. Op die vrije dag die ik laatst had, ging je om negen uur 's ochtends de deur uit. Ik heb je toen tijdens de lunch tweeënveertig seconden gezien en je kwam pas weer binnen om vijf uur. Ik mis je, maar ik weet dat je belangrijke zaken aan je hoofd hebt. Minstens zo belangrijk, zo niet belangrijker dan de zaken waar andere forensen zich mee bezighouden.
Je moet op- en uitgroeien en dat is veel belangrijker dan couponnetjes knippen, de aandelenkoersen volgen of beslissen of je je winst wilt nemen. Jij moet leren waartoe je zelf in staat bent en waartoe niet, en dan moet je leren hoe je daarmee om moet gaan. Je moet leren hoe mensen zijn en hoe ze zich gedragen wanneer ze niet lekker in hun vel zitten – bijvoorbeeld zoals die pestkoppen die bij het fietsenrek rondhangen en kleinere kinderen pesten. Tja, je zult zelfs moeten leren hoe je moet doen alsof schelden geen zeer doet. Het doet altijd zeer, maar je moet een stalen gezicht zien op te houden, want anders schelden ze je de volgende keer nog veel harder uit. Ik hoop alleen dat je je herinnert hoe dat voelt, voor het geval dat je ooit een kind dat kleiner is dan jij te pakken wilt nemen.
Wanneer was de laatste keer dat ik je gezegd heb dat ik trots op je was? Ik denk dat als ik dat niet meer weet, ik wat goed te maken

heb. Ik herinner me nog wel wanneer ik je voor het laatst op je kop heb gegeven – ik zei dat we te laat zouden komen als jij niet opschoot – maar al met al heb ik je toch minder waarderende woorden dan afkeurende opmerkingen toegevoegd. Voor het geval je dit leest, wil ik wel even zeggen dat ik trots op je ben. Vooral je onafhankelijkheid waardeer ik zeer: de manier waarop je voor jezelf zorgt, ook al word ik daar soms een beetje bang van. Je hebt nooit echt gezeurd en dat maakt je in mijn ogen zó'n knaap!

Hoe zou het toch komen dat vaders zo moeilijk kunnen bedenken dat een kind van acht minstens zoveel knuffels nodig heeft als een kind van vier? Als ik niet oppas, tik ik je binnenkort op je arm en vraag ik: 'Wat zei je, jongen?', in plaats van dat ik je knuffel en tegen je zeg dat ik van je houd. Het leven is te kort om onze sympathie te verstoppen. Hoe zou het toch komen dat kinderen van acht zo moeilijk kunnen bedenken dat iemand van zesendertig minstens zoveel knuffels nodig heeft als iemand van vier?

Ik wou dat deze rit niet zo kort was... Ik wilde het nog even over gisteravond hebben... toen je kleine broertje sliep en jij van ons mocht opblijven om naar de wedstrijd van de Yankees te kijken. Bijzondere momenten zijn dat. Ze zijn op geen enkele manier vooruit te plannen. Elke keer als we proberen samen iets te plannen, blijkt het niet zo warm en gezellig uit te pakken. Een paar minuten (veel te kort) leek het wel alsof je al volwassen was en we met elkaar zaten te praten zonder dat we dingen vroegen als: 'Hoe gaat het nu op school, jongen?' Ik had het huiswerk dat je voor rekenen moest doen, nagekeken op de enige manier waarop ik dat kon: met een rekenmachine. Jij kunt beter rekenen dan ik het ooit zal kunnen. En toen hebben we het over de wedstrijd gehad en daarbij bleek dat jij meer over de spelers wist dan ik, zodat ik een boel van je geleerd heb. We waren allebei blij dat de Yankees uiteindelijk wonnen.

Nou, daar staan de klaar-overs. Die zullen er waarschijnlijk nog staan als wij er allang niet meer zijn. Ik wou dat je vandaag niet naar school hoefde. Er is zoveel dat ik tegen je zou willen zeggen. Je stapt zo snel de auto uit. Ik wilde net nog even wat langer genieten van het moment dat je een paar van je vriendjes zag.

Ik wilde alleen even zeggen: 'Ik houd van je, m'n jongen...'

Victor B. Miller

Wat je bent is minstens zo belangrijk als wat je doet

Wie je bent klinkt zo hard dat ik niet kan horen wat je zegt.

Ralph Waldo Emerson

Het was een zonnige zaterdagmiddag in Oklahoma City. Mijn vriend Bobby Lewis, een trotse vader, had zijn twee kleine jongens meegenomen om microgolf met ze te gaan spelen. Hij ging naar het loket en vroeg aan de man achter het raampje: 'Wat kost het om naar binnen te kunnen?'
De jongeman antwoordde: 'Drie dollar voor u en drie dollar voor kinderen boven de zes. Als ze zes of jonger zijn mogen ze er voor niets in. Hoe oud zijn zij?'
Bobby antwoordde: 'De advocaat is drie en de dokter is zeven, dus als ik goed tel, ben ik je zes dollar schuldig.'
De man achter het loket zei: 'Hebt u soms de geldpest of zo? U had uzelf drie dollar kunnen besparen door te zeggen dat de oudste zes was. Ik zou het verschil niet hebben kunnen zien.'
Bobby antwoordde: 'Dat kan misschien waar zijn, maar de kinderen weten het verschil wel.'
Het is zoals Ralph Waldo Emerson gezegd heeft: 'Wie je bent klinkt zo hard dat ik niet kan horen wat je zegt.' In tijden waarin het eropaan komt, wanneer de ethiek belangrijker is dan ooit, zorg dan dat je het goede voorbeeld geeft tegenover iedereen met wie je samenwerkt of samenleeft.

Patricia Fripp

Het perfecte gezin

Het is zaterdagochtend halfelf. Het is een prachtige dag en we zijn eventjes een perfect gezin. Mijn vrouw heeft onze zoon van zes naar zijn eerste pianoles gebracht en onze zoon van veertien is nog niet ontwaakt uit dromenland. Onze zoon van vier zit in de andere kamer te kijken hoe kleine, mensachtige wezens elkaar van de rotsen af proberen te gooien. Ik zit aan de keukentafel de krant te lezen.
Aaron Malachi, de zoon van vier, die kennelijk verveeld is geraakt door de geanimeerde slachtpartij en de aanzienlijke macht die hij kan uitoefenen door middel van de afstandsbediening van de televisie, komt mijn blikveld binnen.
'Ik heb honger,' zegt hij.
'Wil je nog wat cornflakes?'
'Nee.'
'Wil je dan wat yoghurt?'
'Nee.'
'Eieren?'
'Nee. Mag ik wat ijs?'
'Nee.'
Het is heel goed mogelijk dat ijs veel voedzamer is dan fabrieksmatig bereide cornflakes of eieren vol antibiotica, maar volgens de door mijn cultuur bepaalde waarden is het niet goed om op zaterdagochtend om kwart voor elf ijs te eten.
Stilte. Gedurende een seconde of vier. 'Papa, wij leven nog heel lang, hè?'
'Ja, Aaron. Wij leven nog heel lang.'
'Jij en ik en mama, hè?'
'Ja zeker.'
'En Isaac?'
'Ja.'

'En Ben?'
'Ja. Jij en ik en mama en Isaac en Ben.'
'Wij leven nog heel lang. Totdat alle mensen doodgaan.'
'Wat bedoel je?'
'Totdat alle mensen doodgaan en de dinosaurussen terugkomen.'
Aaron gaat op de tafel zitten, met zijn benen gekruist als een Boeddha, boven op mijn krant.
'Wat bedoel je met "totdat alle mensen doodgaan", Aaron?'
'Je zei dat iedereen doodgaat. En als alle mensen doodgaan, komen de dinosaurussen terug. De holenmensen leefden in holen, holen van dinosaurussen. Toen kwamen de dinosaurussen terug en sloegen ze neer.'
Ik bedenk dat voor Aaron het leven nu al begrensd is, iets met een begin en een einde. Hij ziet zichzelf en ons ergens op dat traject, een traject dat eindigt in onzekerheid en verlies.
Ik sta voor een ethische keuze. Wat moet ik nu doen? Moet ik hem op God wijzen, op verlossing, op de eeuwigheid? Of moet ik een babbeltje opdissen in de trant van: *je lichaam is maar een stoffelijk omhulsel en als je doodgaat, leven we in de geest allemaal samen verder?*
Of moet ik hem in zijn onzekerheid en angst laten zitten omdat ik van mening ben dat die realistisch zijn? Moet ik proberen een angstige existentialist van hem te maken of moet ik hem geruststellen?
Ik weet het niet. Ik staar wat naar de krant. De plaatselijke voetbalclub verliest steeds op vrijdagavond. De trainer van het elftal is kwaad op iemand, maar ik kan niet zien wie dat is omdat Aarons voet erop ligt. Ik weet niet wat ik moet doen, maar mijn neurotische, verslaafde, burgerlijke gevoel zegt me dat dit een belangrijk moment is, een van die momenten waarop Aarons wereldbeeld zich vormt. Maar misschien komt het alleen door mijn neurotische, verslaafde, burgerlijke gevoel dat ik dat denk. Als leven en dood illusies zijn, waarom zou ik dan gaan zitten piekeren hoe iemand anders daarover denkt?
Op tafel zit Aaron met een 'legerman' te spelen. Hij steekt zijn armen omhoog en laat hem op zijn wiebelende been balanceren. Het was een van de spelers op wie de trainer zo kwaad was, ene Jerry Slichting. Maar Jerry Slichting speelt toch niet meer bij die

club? Wat is er met Jerry Slichting gebeurd? Alles is eindig, aan alles komt een eind. Jerry Slichting speelt voor een andere club of hij is domweg verdwenen.
Ik moet er maar serieus over nadenken wat Aaron over leven en dood denkt want ik wil dat hij goed begrijpt hoe de dingen in elkaar zitten, dat hij een gevoel voor continuïteit ontwikkelt. Bij de nonnen en de priesters heb ik zelf veel geleerd. Het was lijden of gelukzaligheid. Hemel en hel waren niet met elkaar verbonden door middel van een satellietverbinding. Je zat in Gods team of je zat in de prut, en die prut was heet. Ik wil niet dat Aaron zich brandt. Hij moet een stevige basis hebben. Voor de neurotische, en in elk geval onvermijdelijke bezorgdheid is later nog tijd genoeg.
Is dat mogelijk? Is het mogelijk het gevoel te hebben dat God, de geest, karma, Yaweh, wie of wat dan ook transcendent is zonder dat het gevoel van het hier en nu van de mens getraumatiseerd raakt, zonder het erin te rammen? Kunnen we ervan leven zonder dat het opraakt, ontologisch gesproken? Of verlies je de tere gevoeligheid, het gevoel voor het hier en nu door dat te doen?
Ik constateer een lichte toename van de activiteiten op tafel en weet dat Aaron zich inmiddels verveelt met zijn soldaatje. Met een dramatisch gebaar wil ik op de situatie van het moment ingaan. Ik schraap mijn keel en begin op gewichtige toon te praten.
'Aaron, sommige mensen geloven dat de dood...'
'Papa,' onderbreekt Aaron me, 'zullen we een videospelletje gaan doen? Het is helemaal niet zo'n ruw spelletje,' verklaart hij, druk gebarend. 'Er worden geen mensen in doodgemaakt. Ze vallen alleen maar om.'
'Ja,' zeg ik met enige opluchting, 'laten we een videospelletje gaan doen. Maar we moeten eerst iets anders doen.'
'Wat dan?' Aaron staat ineens stil en draait zich om, al halverwege de kamer.
'We gaan eerst ijs eten.'
Een perfecte zaterdagochtend voor een perfect gezin. Voorlopig tenminste.

Michael Murphy

Jouw probleem, Sheldon, is dat je geen zelfvertrouwen hebt.

Maak van je hart geen moordkuil

Als je binnenkort dood zou gaan en nog maar één telefoontje zou mogen plegen, wie zou je dan bellen en wat zou je dan zeggen? En waar wacht je nog op?

Stephen Levine

Toen ik op een avond een van de honderden boeken over het opvoeden van kinderen weglegde, voelde ik me een beetje schuldig omdat ik een paar van de in het boek beschreven opvoedkundige strategieën al een tijdlang niet toegepast had. De belangrijkste daarvan was de strategie om met je kind te gaan praten en daarbij dan die vier magische woorden te zeggen: 'Ik houd van je.' Steeds weer was er in het boek de nadruk op gelegd dat kinderen moeten weten dat je echt, onvoorwaardelijk en zonder voorbehoud, van hen houdt.
Ik liep de trap op naar de slaapkamer van mijn zoon en klopte op zijn deur. Toen ik klopte hoorde ik vanbinnen alleen het geluid van zijn drumstel. Ik wist dat hij er was, maar hij reageerde niet op mijn kloppen. Ik opende dus de deur, en ja hoor, daar zat hij met zijn koptelefoon op naar een bandje te luisteren en op zijn drumstel mee te spelen. Terwijl ik me naar voren boog om zijn aandacht te trekken, zei ik tegen hem: 'Tim, heb je even een ogenblikje?'
Hij zei: 'O, jawel hoor, papa. Voor jou altijd.' We gingen zitten, en nadat we een kwartier lang hadden zitten aarzelen en babbelen, keek ik hem aan en zei: 'Tim, ik vind echt dat je ontzettend goed drumt.'
Hij zei: 'Nou, bedankt pap. Vind ik leuk, dat je dat zegt.'
Ik liep de deur uit en zei: 'Tot straks!' Terwijl ik de trap afliep,

drong het tot me door dat ik naar boven gelopen was om hem iets bepaalds te zeggen en dat ik dat niet gedaan had. Ik had het gevoel dat het wel heel belangrijk was dat ik weer naar boven ging om hem toch die vier magische woorden toe te voegen, dus draaide ik me om en liep weer terug.
'Heb je nog een ogenblikje, Tim?'
'Natuurlijk, pap. Voor jou altijd.'
'Jongen, luister eens. Ik was daarnet naar boven gekomen om je iets te zeggen, maar het is er niet van gekomen. Wat ik wel zei was niet wat ik eerst in gedachten had. Tim, weet je nog dat je rijles had en dat ik daar moeite mee had? Toen heb ik vier woorden op een velletje papier geschreven en dat onder je kussen gelegd in de hoop dat het zo goed was. Dat ik mijn taak als ouder goed had gedaan en mijn zoon had duidelijk gemaakt dat ik van hem hield.' En nadat we nog even te hadden zitten kletsen, zei ik tegen Tim: 'Wat ik eigenlijk tegen je wilde zeggen, is dat we van je houden.'
Hij keek me aan en zei: 'Nou, bedankt pap. Jij en mama, bedoel je?'
'Ja, wij allebei. We zeggen het alleen veel te weinig tegen je.'
'Bedankt. Dat betekent veel voor me. Ik weet dat jullie van me houden.'
Ik draaide me om en liep de deur uit. Maar terwijl ik de trap afliep dacht ik: hoe kan dat nou? Nou ben ik al twee keer naar boven gelopen; ik weet precies wat ik wil gaan zeggen, maar beide keren komt er iets anders uit mijn mond.'
Ik besloot onmiddellijk weer terug te gaan en Tim precies te zeggen wat ik voelde. Het kon me niet schelen dat hij een meter tachtig lang was, ik ging het hem gewoon zeggen. Toen ik weer op zijn deur klopte, riep hij: 'Wacht even. Niks zeggen. Ben jij dat soms, pap?'
'Ja, hoe wist je dat?' vroeg ik.
'Papa, ik ken je al sinds je vader bent.'
'Jongen, heb je nog een minuutje?'
'Jazeker, dat weet je. Kom erin. Je zult de vorige keer wel niet precies hebben gezegd wat je wilde zeggen. Heb ik het goed?'
'Hoe wist je dat?'
'Ach, ik ken je al sinds ik in de luiers lag.'
Ik zei: 'Nou, Tim, het gaat hierom. Ik kon het daarnet niet zeg-

gen. Ik wil je alleen maar even zeggen wat een bijzondere plaats jij inneemt in ons gezin. Het gaat niet om wat je doet of gedaan hebt, op school en met je vrienden en vriendinnen. Het gaat erom wie je bent als mens. Ik houd van je en ik wilde je gewoon laten weten dat dat zo is en dat ik niet begrijp waarom ik zoiets belangrijks niet gewoon kan zeggen.'
Hij keek me aan en zei: 'Hé pap, ik ken je en ik vind het echt heel bijzonder dat je dat tegen me zegt. Bedankt dat je zo over me denkt, en bedankt dat je het gezegd hebt.' Terwijl ik de deur uit liep, voegde hij daar nog aan toe: 'O, papa. Heb je nog een ogenblikje?'
Ik wist niet wat ik moest verwachten. 'Ja natuurlijk. Voor jou altijd,' zei ik.
Ik weet niet van wie die kinderen het hebben – vast niet van hun ouders – maar hij vroeg: 'Papa, mag ik je één ding vragen?'
'Wat dan?'
Hij keek me aan en vroeg: 'Papa, heb je weer zo'n werkgroep *Verstandig ouderschap* gevolgd of zo?'
Ik voelde me betrapt en zei: 'Nee, ik zat een boek te lezen, en daarin stond hoe belangrijk het is dat je tegen je kinderen zegt wat je echt voor hen voelt.'
'Hé, bedankt dat je het gedaan hebt. We spreken elkaar straks. Dag, pap.'
Ik denk dat ik die avond meer van Tim geleerd heb dan hij van mij. Namelijk dat je alleen leert begrijpen wat liefde is door daarvoor de prijs te betalen. En die prijs is dat je zegt wat je voelt en het risico neemt die liefde te delen.

Gene Bedley

4

OVER LEREN

Leren is ontdekken
wat je al weet.

Doen is laten zien
dat je het weet.

Onderwijzen is anderen
eraan herinneren dat zij het weten,
net als jij.

Jullie zijn allemaal leerlingen,
doeners en onderwijzers.

Richard Bach

Een toekomst maken

Beste juf,

Vandaag heeft mama gehuild. Mama vroeg me, Jody wil je echt weten waarom je naar school moet? Ik zei dat ik niet wist waarom. Toen zei ze dat het was om voor mij een toekomst te maken. Ik vroeg wat een toekomst was, hoe een toekomst eruitziet. Mama zei, ik weet het niet, Jody. Niemand kan in jouw toekomst kijken. Alleen jij weet het. Dus je moet je geen zorgen maken, je zult het wel zien. Toen moest ze huilen en zei ze: O, Jody, ik hou zoveel van je.
Mama zegt dat iedereen keihard moet werken om een toekomst te maken voor ons kinderen, de mooiste toekomst die er maar te bedenken valt.
Juf, kunnen we vandaag beginnen mijn toekomst te maken? Kunt u extra uw best doen om er een leuke toekomst van te maken voor mijn moeder en voor mij?
Ik hou van u, juf.

Liefs van
Jody

Frank Trujillo

Nu vind ik mezelf wel aardig

Als je eenmaal ziet dat het zelfbeeld van een kind positiever wordt, zul je al gauw zien dat zijn prestaties aanmerkelijk beter worden, maar belangrijker is dat je ziet dat het kind meer van het leven gaat genieten.

Wayne Dyer

Ik vond het een grote opluchting om in de gaten te krijgen dat een kind meer nodig heeft dan alleen leerstof. Ik kan goed rekenen en ik kan het ook goed aan anderen leren. Vroeger dacht ik dat dat het enige was dat ik moest doen. Nu onderwijs ik de kinderen, niet het vak rekenen. Ik aanvaard het gegeven dat ik daarin bij sommigen maar gedeeltelijk slaag. Nu ik niet alle antwoorden hoef te weten, lijkt het alsof ik meer antwoorden heb dan toen ik nog probeerde de man te zijn die alles wist. Het kind dat me dit pas echt heeft leren inzien, is Eddie. Ik vroeg hem op een dag waarom hij dacht dat hij het dit schooljaar zoveel beter doet dan het vorige. Zijn antwoord was een onderbouwing van mijn nieuwe benadering. 'Dat komt omdat ik mezelf aardiger vind als ik bij u ben,' zei hij.

Een onderwijzer aangehaald door Everett Shostrom in Man, The Manipulator

Al het goede

Hij zat in de derde klas, mijn klas aan St Mary's School in Morris, Minnesota. Mijn vierendertig leerlingen waren me allemaal even lief, maar Mark Eklund was werkelijk een voorbeeldig jongetje. Hij zag er piekfijn uit en had een soort levensblijheid over zich die zelfs het kattekwaad dat hij af en toe uithaalde tot een feest maakte.

Mark praatte echter ook voortdurend. Ik moest hem er keer op keer aan herinneren dat praten zonder dat ik daarvoor toestemming had gegeven niet door de beugel kon. Wat echter grote indruk op me maakte was de oprechte reactie die hij elke keer gaf als ik hem terechtwees. 'Bedankt dat u me tot de orde hebt geroepen, zuster!' zei hij dan. Eerst wist ik niet goed wat ik ervan denken moest, maar algauw raakte ik eraan gewend dat meerdere keren per dag te horen.

Op een ochtend toen Mark wel erg veel zat te praten, verloor ik bijna mijn geduld en toen maakte ik de beginnersfout om tegen hem te zeggen: 'Als je nog één keer iets zegt, zal ik je mond met plakband dichtplakken.'

Tien seconden later al riep Chuck uit: 'Mark zit weer te praten.' Ik had geen van de kinderen gevraagd Mark voor mij in de gaten te houden, maar nu ik voor het front van de klas die waarschuwing gegeven had, was ik verplicht er gevolg aan te geven.

Ik herinner me de situatie nog alsof het vanmorgen gebeurd was. Ik liep naar mijn bureau, opende de la en haalde er met veel omhaal een rol plakband uit. Zonder een woord te zeggen liep ik naar Marks tafeltje, scheurde twee stukken plakband van de rol en plakte die kruislings over zijn mond, waarna ik weer naar mijn plaats voor de klas terugliep.

Toen ik even opkeek om te zien of alles wel goed was met Mark, zag ik dat hij naar mij knipoogde. Toen kon ik me niet meer goed

houden en barstte ik in lachen uit. De hele klas loeide toen ik naar zijn tafeltje terugliep, het plakband losmaakte en mijn schouders ophaalde. Het eerste dat hij zei, was: 'Bedankt dat u me tot de orde hebt geroepen, zuster.'
Aan het eind van het jaar werd me gevraagd om wiskunde te komen geven op de middelbare school. De jaren vlogen voorbij en voordat ik het wist, had ik Mark weer in de klas. Hij zag er knapper uit dan ooit en hij was nog steeds uiterst beleefd. Maar nu hij wiskunde van me kreeg, moest hij wel beter opletten dan op de lagere school.
Op een vrijdag had ik het gevoel dat het mis dreigde te gaan in de klas. We hadden de hele week hard gewerkt aan een nieuw onderwerp en ik voelde dat de leerlingen onrustig waren en zich aan elkaar ergerden. Ik moest iets ondernemen voordat het uit de hand liep. Daarom besloot ik hun te vragen om ieder voor zich de namen van alle andere leerlingen uit de klas op een vel papier te schrijven, steeds met een aantal regels ertussen. Toen zei ik dat ze van ieder van hun klasgenoten een zo aardig mogelijke kwalificatie moesten bedenken en die opschrijven.
De klas had de rest van het lesuur nodig om deze opdracht af te maken, maar toen ze het lokaal uit gingen overhandigde ieder van hen me zijn opdracht. Chuck glimlachte. Mark zei: 'Bedankt voor de les, zuster. Een prettig weekend.'
De volgende dag, zaterdag, schreef ik de namen van alle leerlingen op een vel papier en noteerde daarachter wat de anderen over die leerling geschreven hadden. Maandag gaf ik ieder van de leerlingen zijn of haar lijst. Bij sommigen besloeg die wel twee bladzijden. Het duurde niet lang of de hele klas zat te glimlachen. 'Is het echt waar?' hoorde ik een van hen fluisteren. 'Ik wist niet dat dat iemand opgevallen was.' 'Ik wist niet dat de anderen me zo graag mochten.'
Naderhand is nooit iemand in de klas op die lijsten teruggekomen. Ik weet niet of ze het er nog onder elkaar of met hun ouders over gehad hebben, maar dat gaf niet. De oefening had aan zijn doel beantwoord. De leerlingen waren weer tevreden met zichzelf en met de anderen.
De klas ging over naar het volgende schooljaar en ik verloor ze uit het oog. Enkele jaren later, toen ik een keer terugkwam van vakantie, werd ik op het vliegveld opgehaald door mijn ouders.

Terwijl we naar huis reden, stelde mijn moeder me de gewone vragen over mijn reis. Over het weer en over de dingen die ik had meegemaakt. Toen het gesprek stokte, keek mijn moeder even naar mijn vader en zei ze tegen hem: 'Zeg het maar, vader.' Mijn vader schraapte zijn keel. 'De familie Eklund heeft gisteren gebeld,' begon hij.
'O ja?' zei ik. 'Ik heb al een paar jaar niets van hen gehoord. Ik vraag me af hoe het met Mark is.'
Mijn vader antwoordde op kalme toon. 'Mark is omgekomen in Vietnam,' zei hij. 'Morgen wordt hij begraven, en zijn ouders zouden het op prijs stellen als je kon komen.' Tot op de dag van vandaag kan ik de precieze plek op de snelweg aanwijzen waar mijn vader me het nieuws over Mark vertelde.
Ik had nooit eerder een dienstplichtige in een doodkist van het leger gezien. Mark zag er zo knap uit, zo volwassen. Het enige dat ik op dat moment kon bedenken, was dat ik er alle plakband ter wereld voor over zou hebben als hij iets tegen me zou kunnen zeggen.
De kerk zat vol met vrienden van Mark. Chucks zuster zong *The Battle Hymn of the Republic*. Waarom moest het op de dag van de begrafenis regenen? We hadden het al moeilijk genoeg aan de rand van het graf. De priester zei de gebruikelijke gebeden en de hoornist blies een laatste groet. Een voor een liepen degenen die van Mark hadden gehouden nog eens langs het graf en sprenkelden er wat wijwater over.
Ik was de laatste die dat mocht doen. Terwijl ik daar stond, kwam een van de soldaten die als drager had gefungeerd naar me toe. 'Was u Marks wiskundelerares?' vroeg hij. Ik knikte terwijl ik mijn blik op de kist gevestigd hield. 'Mark had het vaak over u,' zei hij.
Na de begrafenis gingen de meeste van Marks voormalige klasgenoten naar de boerderij van de ouders van Chuck voor een korte bijeenkomst. Marks vader en moeder waren er ook. Ze hadden duidelijk op me zitten wachten. 'We wilden u iets laten zien,' zei zijn vader, terwijl hij zijn portefeuille uit zijn zak haalde. 'Dit hebben ze in een van Marks zakken gevonden nadat hij was gedood. We dachten dat u het misschien wel zou herkennen.'
Hij opende de portefeuille en haalde er voorzichtig twee gerafelde en versleten stukjes papier uit. Ze waren duidelijk heel vaak

gevouwen en met plakband verstevigd. Zonder te kijken wist ik dat het de blaadjes waren waarop ik alle positieve dingen had genoteerd die zijn klasgenoten over Mark hadden opgemerkt. 'We zijn u zeer dankbaar dat u dat hebt gedaan,' zei Marks moeder. 'Zoals u ziet, hechtte Mark er grote waarde aan.'
Marks klasgenoten verzamelden zich om ons heen. Chuck glimlachte nogal schaapachtig en zei: 'Ik heb mijn lijstje ook nog. Het ligt thuis in de bovenste la van mijn bureau.' Johns vrouw zei: 'John heeft me gevraagd of het in het album met onze trouwfoto's mocht worden ingeplakt.' Marilyn zei: 'Ik heb het mijne ook nog. In mijn dagboek.' Toen pakte Vicki, een van de andere klasgenoten, haar tas, haalde er haar agenda uit en liet ons haar versleten en gescheurde lijstje zien. 'Ik heb het altijd bij me,' zei Vicki. 'Ik geloof dat we allemaal ons lijstje bewaard hebben.'
Pas toen ging ik zitten en huilde ik. Ik huilde om Mark en voor al zijn vrienden die hem nooit meer zouden zien.

Helen P. Mrosla

Je bent een wonder!

Elke seconde dat we leven is een nieuw en uniek moment in het heelal, een moment dat nooit meer terug zal komen... En wat leren we aan onze kinderen? We leren hun dat twee plus twee vier is en dat Parijs de hoofdstad is van Frankrijk.
Wanneer zullen we hun eens gaan leren wie ze werkelijk zijn? We zouden tegen ieder van hen moeten zeggen: 'Weet je wel wie je bent? Je bent een wonder. Je bent uniek. In alle jaren die verstreken zijn is er nooit een kind geweest als jij. Met jouw armen, jouw benen, jouw mooie vingers, jouw manier van bewegen. Misschien word je een Shakespeare, een Michelangelo, een Beethoven. Je kunt in principe alles. Ja, je bent een wonder. En als je volwassen bent, zul je dan in staat zijn een ander, die net als jij een wonder is, kwaad te doen?
Je moet eraan werken – we moeten er allemaal aan werken – dat de wereld zijn kinderen waardig zal zijn.

Pablo Casals

Al doende leert men

Het is nog niet zo heel lang geleden dat ik cello begon te spelen. De meeste mensen zouden zeggen dat ik 'cello ging leren spelen'. Maar als het zo gesteld wordt, krijgen we het merkwaardige idee dat er sprake is van twee geheel verschillende processen, namelijk (1) cello *leren* spelen, en (2) cello spelen. Daarmee wordt de indruk gewekt dat ik het eerstgenoemde eerst zal gaan doen om, als ik daarmee klaar ben, aan het tweede te beginnen. Kort gezegd, ik zal 'leren spelen' totdat ik geleerd heb te spelen, en dan zal ik gaan spelen. Dit is natuurlijk onzin. Er zijn niet twee processen, maar slechts één. We leren iets door het te doen. Op een andere manier gaat het niet.

John Holt

De hand

Op Thanksgiving, de nationale dankdag in de Verenigde Staten, stond in de krant een redactioneel stukje over een onderwijzeres die haar eersteklassertjes gevraagd had een tekening te maken van iets waarvoor zij dankbaar waren. Ze dacht eraan hoe weinig deze kinderen uit een achterstandswijk eigenlijk hadden om dankbaar voor te zijn en veronderstelde dat de meesten van hen wel dikke kalkoenen en rijk voorziene eettafels zouden tekenen. De onderwijzeres wist dan ook niet wat ze moest denken van de tekening die Douglas haar overhandigde... een simpele, kinderlijk getekende hand.
Wiens hand zou dat zijn? De klas was geïntrigeerd door de afbeelding. 'Ik denk dat het misschien de hand van God is, die ons te eten geeft,' zei een van de kinderen. 'Van een boer,' zei een ander, 'omdat die kalkoenen fokt.' Ten slotte, toen de anderen allemaal weer aan het werk waren, boog de onderwijzeres zich over Douglas' tafeltje en vroeg van wie de hand was. 'Het was uw hand, juf,' mompelde hij.
Ze herinnerde zich hoe ze in het speelkwartier Douglas vaak bij de hand had genomen omdat hij er zo verloren bij liep. Ze deed dat vaak bij kinderen, maar voor Douglas had het veel betekend. Misschien was deze Thanksgiving wel voor iedereen bedoeld, niet om te danken voor de materiële zaken die we hebben ontvangen, maar voor de kans die we hebben, hoe klein ook, om anderen iets te geven.

Bron onbekend

Het jongetje

Er was eens een klein jongetje dat naar school ging.
Het was maar een heel klein jongetje.
En het was een hele grote school.
Maar toen het jongetje
ontdekte dat hij van buiten
direct door een deur zijn klas in kon lopen,
voelde hij zich gerustgesteld
en leek de school helemaal zo groot niet meer.

Op een ochtend,
toen het jongetje al een tijdje op school was,
zei de juf tegen hem:

'Vandaag gaan we een tekening maken.'
Fijn, dacht het jongetje.
Hij hield van tekenen.
Hij kon van alles tekenen:
leeuwen en tijgers,
kippen en koeien,
treinen en boten.
Dus, hij pakte zijn kleurpotloden
en begon te tekenen.

Maar de juf zei:
'Wacht even! Nog niet beginnen!'
En ze wachtte totdat iedereen klaar was.

'Nu,' zei de juf, 'gaan we bloemen tekenen.'
Fijn, dacht het jongetje.
Hij tekende graag bloemen,

en hij begon prachtige bloemen te tekenen
met zijn roze, oranje en blauwe kleurpotloden.

Maar de juf zei:
'Wacht! Ik zal jullie laten zien hoe het moet.'
En ze tekende een bloem op het bord.
Een rode bloem met een groene stengel.
'Zo,' zei ze.
'Nu mogen jullie beginnen.'

Het jongetje bekeek de bloem van de juf
en keek toen naar zijn eigen bloem.
Hij vond zijn eigen bloem mooier dan die van de juf
maar dat zei hij niet.
Hij draaide alleen zijn blaadje om
en maakte een bloem zoals die van de juf.
Rood, met een groene stengel.

Op een andere dag,
toen het jongetje de buitendeur helemaal alleen had opengedaan,
zei de juf:
'Vandaag gaan we kleien.'
Fijn, dacht het jongetje.
Hij hield van kleien.

Hij kon van klei allerlei dingen maken:
slangen en sneeuwpoppen,
olifanten en muizen,
auto's en vrachtwagens.
Dus hij begon zijn homp klei
te kneden en te vervormen.

Maar de juf zei:
'Wacht even! Nog niet beginnen!'
En ze wachtte totdat iedereen klaar was.

'Nu,' zei de juf, 'gaan we een schaal maken.'
Fijn, dacht het jongetje.

Hij maakte graag schalen.
En hij begon er een paar te maken
in allerlei vormen en maten.

Maar de juf zei:
'Wacht! Ik zal jullie laten zien hoe het moet.'
En ze liet de kinderen zien
hoe ze een grote, diepe schaal maakte.
'Zo,' zei ze.
'Nu mogen jullie beginnen.'

Het jongetje keek naar de schaal van de juf
en keek toen naar zijn eigen schalen.
Hij vond zijn eigen schalen mooier dan die van de juf
maar dat zei hij niet.
Hij balde alleen zijn klei weer samen
en maakte een schaal zoals die van de juf.
Een diepe schaal.

Zo duurde het niet lang
voordat het jongetje leerde te wachten
en te kijken
en de dingen precies zo te doen als de juf deed.
En al heel gauw
maakte hij geen dingen meer uit zichzelf.

Maar toen verhuisden het jongetje
en zijn ouders naar een andere stad.
En het jongetje
moest naar een andere school.

Deze school was zelfs nog groter
dan zijn oude school,
en er was geen deur van buitenaf
meteen de klas in.
Hij moest een hoge trap op
en een lange gang door
om in zijn klaslokaal te komen.

En de allereerste dag dat hij er was,
zei de juf:
'Vandaag gaan we een tekening maken.'

Fijn, dacht het jongetje.
En wachtte totdat de juf
hem liet zien wat hij moest doen.
Maar de juf zei niets.
Ze liep alleen de klas door.

Toen ze bij het jongetje kwam
vroeg ze: 'Wil jij geen tekening maken?'
'Jawel,' zei het jongetje. 'Maar wat moeten we dan tekenen?'
'Dat weet ik niet. Ik wacht tot jij wat doet,' zei de juf.
'Hoe moet ik het dan doen?' vroeg het jongetje.
'Nou, precies zoals je wilt,' zei de juf.
'En de kleur maakt ook niet uit?' vroeg het jongetje.
'Elke kleur is goed,' zei de juf.
'Als iedereen dezelfde tekening maakte,
en dezelfde keuren gebruikte,
hoe zou ik dan moeten weten wie wat gemaakt had?'
'Dat weet ik niet,' zei het jongetje.
En hij begon roze, oranje en blauwe bloemen
te tekenen.

Hij vond het leuk op zijn nieuwe school,
ook al was er geen buitendeur
direct naar zijn klas.

Helen E. Buckley

Ik ben onderwijzer

Ik ben onderwijzer.
Ik ben het al sinds ik voor het eerst een vraag uit de mond van een kind hoorde komen.
Ik heb in de schoenen van velen gestaan, op vele plaatsen.
Ik ben Socrates, die de jeugd van Athene aanmoedigt nieuwe antwoorden te vinden door vragen te stellen.
Ik ben Ann Sullivan, die de geheimen van het universum uittikt op de handpalm van de doofstomme en blinde Helen Keller.
Ik ben Aesopus en Hans Christian Andersen, die de waarheid onthullen via talloze verhalen.
Ik ben Marva Collins, die vecht voor het recht op onderwijs van ieder kind.
En ik ben Mary McCloud Bethune, die een groot schoolgebouw neerzet voor mijn volk, met sinaasappelkistjes om op te zitten.
De namen van degenen die mijn vak hebben uitgeoefend zijn eerbiedwaardige namen in de geschiedenis van de mensheid... Boeddha, Confucius, Maria Montessori, Mozes en Jezus.
Ik ben ook degenen wier namen en gezichten allang zijn vergeten, maar wier lessen en eigenschappen voor altijd zullen voortleven in hun leerlingen.
Ik heb van vreugde gehuild bij bruiloften van oud-leerlingen, blij gelachen bij de geboorte van hun kinderen en met gebogen hoofd en in droefenis gestaan bij veel te vroeg gegraven graven voor veel te jonge lichamen.
In mijn werkende leven ben ik gevraagd acteur te zijn, maar ook vriend, verpleger, arts, trainer, vinder van verloren voorwerpen, geldschieter, chauffeur, psycholoog, plaatsvervangend ouder, vertegenwoordiger, politicus en steun in het geloof.
Ondanks alle kaarten, formules, werkwoorden, verhalen en boeken die ik bezit, heb ik in wezen niets te onderwijzen. Mijn leer-

lingen moeten namelijk alleen zichzelf leren kennen, en ik weet uit ervaring dat je de hele wereld nodig hebt om te weten wie je zelf bent.
Ik ben een paradox. Ik spreek het hardst wanneer ik het beste luister. Ik ben op mijn best wanneer ik me het meest openstel voor mijn leerlingen.
Materiële voorspoed is niet iets wat ik nastreef. Ik ben daarentegen wel altijd actief als schatzoeker, voor mijn leerlingen op zoek naar nieuwe mogelijkheden om hun talenten te gebruiken en ook constant bezig die talenten op te sporen, die soms begraven liggen bij hen die zichzelf in de weg zitten.
Ik ben de gelukkigste van alle werkers.
Een arts mag gedurende één kort, magisch moment nieuw leven ter wereld brengen. Ik mag beleven dat het leven elke dag opnieuw geboren wordt, steeds met nieuwe vragen, gedachten en met hernieuwde vriendschap.
Een architect weet dat een gebouw dat hij neerzet, als hij het goed ontworpen heeft, misschien de eeuwen zal trotseren. Een onderwijzer weet dat wat hij met liefde en zorg bouwt, eeuwigheidswaarde heeft.
Ik ben een strijder, die dagelijks vecht tegen de druk van collega's, negativiteit, conformisme, onwetendheid en apathie. Maar ik heb machtige bondgenoten: intelligentie, nieuwsgierigheid, ouderlijke steun, individualiteit, creativiteit, geloof, liefde en humor scharen zich onophoudelijk achter mijn banier.
En wie moet ik dankbaar zijn voor dit prachtige leven dat ik zo gelukkig ben te mogen hebben? Niemand anders dan u, ouders. Want u hebt mij de grote eer bewezen mij uw grootste bijdrage aan de eeuwigheid toe te vertrouwen, uw kinderen.
Zo bezit ik dus een verleden dat rijk is aan herinneringen en ik heb een heden dat plezierig, een avontuur en een uitdaging is, omdat ik mijn dagen mag besteden aan de toekomst.
Ik ben onderwijzer... en daar dank ik God elke dag weer opnieuw voor.

John Schlatter

5

MAAK JE DROMEN WAAR

Mensen die zeggen dat
dat niet mogelijk is,
moeten degenen die ermee bezig zijn
niet in de weg zitten.

Maak het waar

In 1957 was er in Californië een jongen van tien die zich een doel voor ogen stelde. In die tijd was Jim Brown de beste achterhoedespeler die ooit in het Amerikaanse *football* had gespeeld. Het magere jongetje wilde zijn handtekening hebben, maar om zijn zin te krijgen, moest de knaap enkele hindernissen overwinnen. Hij was opgegroeid in een achterstandswijk, waar hij nooit genoeg te eten had gekregen. De voortdurende ondervoeding had zijn tol geëist en een ziekte die rachitis heet, maakte het noodzakelijk dat hij stalen spalken droeg die zijn magere, kromme benen ondersteunden. Hij had geen geld om een kaartje voor de wedstrijd te kopen, dus wachtte hij geduldig bij de kleedkamer tot het spel afgelopen was en Jim Brown naar buiten zou komen. Hij vroeg Jim Brown beleefd om zijn handtekening, en terwijl hij die gaf, zei de jongen tegen hem: 'Meneer Brown, ik heb een foto van u aan de muur hangen en ik weet dat u alle records hebt gebroken. U bent mijn grote favoriet.'
Jim Brown moest glimlachen en maakte aanstalten om te vertrekken, maar de knaap was nog niet uitgesproken. Hij verklaarde: 'Meneer Brown, er komt een dag dat ik alle records zal breken die u hebt.' Dat maakte indruk op Brown. Hij vroeg: 'Hoe heet je, m'n jongen?'
De jongen antwoordde: 'Orenthal James. Mijn vrienden noemen me O.J.'
O.J. Simpson brak op drie na alle records van Jim Brown. Zijn verdere carrière in de sport werd bekort door blessures die hij had opgelopen. Jezelf een doel stellen levert je altijd de sterkste motivatie op. Stel jezelf een doel en maak dat waar.

Dan Clark

Volgens mij kan ik het best!

Of je nu denkt dat je het kunt of dat je het niet kunt, in beide gevallen heb je gelijk.

Henry Ford

Rocky Lyons, de zoon van Marty Lyons, de verdediger van de New York Jets, was vijf jaar oud toen hij met Kelly, zijn moeder, ergens buiten in Alabama rondreed. Hij lag op de voorbank van de pick-up te slapen, met zijn voeten op haar schoot.
Zijn moeder reed de wagen voorzichtig over de smalle, kronkelende landweg, sloeg af en wilde een smalle brug oprijden. De auto raakte echter in een gat in de weg en gleed opzij, waarbij het rechter voorwiel in een greppel terechtkwam. Ze was bang dat de wagen zou omslaan en probeerde hem door het gaspedaal diep in te drukken en het stuur naar links te draaien weer op de weg te krijgen. Maar Rocky's voet kwam vast te zitten tussen haar schoot en het stuur, waardoor ze de beheersing over het voertuig verloor.
De wagen sloeg om en rolde van de weg af, een meter of vijf naar beneden. Toen hij tot stilstand was gekomen, werd Rocky wakker. 'Wat is er gebeurd, mama?' vroeg hij. 'Waarom liggen we ondersteboven?'
Kelly kon niets zien vanwege alle bloed op haar gezicht. De versnellingspook had haar gezicht opengehaald. Haar tandvlees lag open, haar wangen waren uitgescheurd, en haar schouders waren verbrijzeld. Met een stuk bot dat uit haar arm stak, zat ze vast aan het zwaar beschadigde portier.
'Ik zal je wel helpen, mama,' kondigde Rocky aan. Als door een wonder was hij niet gewond geraakt bij het ongeluk. Hij wurmde zich onder Kelly vandaan, glipte door het openstaande raampje

naar buiten en probeerde haar er ook uit te trekken. Er was echter geen beweging in haar te krijgen. 'Laat me alsjeblieft gewoon liggen. Dan kan ik slapen,' smeekte Kelly, die het bewustzijn aan het verliezen was. 'Nee, mama,' zei Rocky vastberaden. 'Je mag niet slapen.'
Rocky wurmde zich weer de auto in en wist Kelly uit het wrak te krijgen. Toen kondigde hij aan dat hij naar de weg zou klimmen om te proberen een auto aan te houden en hulp te vragen. Kelly was bang dat niemand in het donker haar zoontje zou opmerken en weigerde hem alleen te laten gaan. Zo kropen ze dan samen tegen het talud op, waarbij Rocky met zijn gewicht van nauwelijks twintig kilo zijn vijftig kilo wegende moeder zo goed en zo kwaad als het ging omhoogduwde. Ze vorderden maar heel langzaam. Kelly had zo'n pijn dat ze het liever wilde opgeven, maar dat mocht ze van Rocky niet.
Om zijn moeder moed in te praten, zei Rocky tegen haar dat ze maar moest denken aan 'dat kleine treintje' in het klassieke kinderverhaal over het treintje dat alles kon en dat ook tegen een steile berg op kon klimmen. Om haar daaraan te helpen herinneren, herhaalde Rocky voortdurend de kernzin uit het verhaaltje: 'Ik weet dat je het kunt, ik weet dat je het kunt.'
Toen ze eindelijk bij de weg kwamen, zag Rocky pas voor het eerst hoe zwaar zijn moeder gewond was. Hij barstte in huilen uit. Door met zijn armen te zwaaien en te roepen wist hij een vrachtwagen tot stoppen te bewegen. 'Brengt u mijn mama naar het ziekenhuis,' smeekte hij de bestuurder.
Het duurde acht uur en er waren 344 krammen nodig om Kelly's gezicht weer op te lappen. Tegenwoordig ziet ze er heel anders uit dan vroeger. 'Vroeger had ik een lange neus, dunne lippen en hoge jukbeenderen. Nu heb ik een boksersneus, platte wangen en veel grotere lippen,' zegt ze. Maar ze heeft maar weinig littekens en haar wonden zijn helemaal genezen.
Rocky's heldhaftige gedrag was voorpaginanieuws. Maar de doortastende knaap meent dat hij niets bijzonders gedaan heeft. 'Ik heb er helemaal niet bij nagedacht,' verklaart hij. 'Ik heb alleen gedaan wat iedereen gedaan zou hebben.' Maar zijn moeder zegt: 'Als Rocky er niet geweest was, zou ik doodgebloed zijn.'

Voor het eerst gehoord
van Michele Borba

R.I.P: de begrafenis van Ik-kan-niet

Donna's klaslokaal zag eruit als veel andere klaslokalen. De leerlingen zaten er in vijf rijen van zes tafeltjes en de tafel van de onderwijzer stond ervoor. Op het prikbord was werk van de leerlingen te zien. In bijna alle opzichten leek het een heel normaal klaslokaal van een lagere school. Maar de eerste keer dat ik er binnenstapte, voelde ik al dat er iets bijzonders was. Er leek een gevoel van opwinding te heersen.

Donna was een ervaren onderwijzeres in een dorp in Michigan, die nog maar twee jaar van haar pensioen af was. Ze was bovendien vrijwillig deelneemster aan een grootscheeps bijscholingsprogramma voor onderwijzend personeel dat ik had opgezet en leidde. Het programma ging over het formuleren van gedachten waardoor leerlingen een beter zelfgevoel zouden krijgen en beter in staat zouden zijn hun leven in eigen hand te nemen. Donna had tot taak de cursus te volgen en de ideeën die daar werden aangereikt te gebruiken in haar klas. Mijn taak was het om de klassen te bezoeken en de uitvoering van de oefeningen aan te moedigen.

Ik ging op een lege plek achter in de klas zitten en keek toe. Alle leerlingen waren bezig met de taak die ze hadden gekregen: het op een vel schrijfpapier noteren van gedachten en ideeën. De leerling van tien die het dichtst bij mij zat was bezig een lijst samen te stellen van dingen die ze 'niet kon'.

Ik kan een voetbal geen dertig meter ver weg schoppen.
Ik kan geen staartdelingen maken met getallen van meer dan drie cijfers.
Ik kan Debbie er niet van overtuigen dat ik aardig ben.

Haar bladzijde was al voor de helft gevuld en zo te zien was ze nog niet klaar. Ze werkte vastberaden en volhardend door.
Ik liep tussen de rijen door en keek naar wat de leerlingen op-

schreven. Ze waren allemaal bezig een lijst aan te leggen van dingen die ze niet konden.
Ik kan niet tennissen.
Ik kan geen bal naar het verre veld slaan.
Ik kan niet van de koekjes afblijven.
Ik was nieuwsgierig geworden, dus liep ik naar de onderwijzeres toe om te vragen wat de bedoeling hiervan was, maar toen ik bij haar kwam, zag ik dat zij ook aan het schrijven was en besloot ik dat ik haar maar beter niet kon storen.
Ik krijg het niet voor elkaar een afspraak te maken met Johns moeder.
Ik kan mijn dochter niet zover krijgen dat ze de benzinetank van de auto vult.
Ik krijg het niet gedaan dat Alan woorden gebruikt in plaats van zijn vuisten.
Ik kon maar niet begrijpen waarom de leerlingen en de onderwijzeres zich concentreerden op negatieve dingen in plaats van te proberen positievere *Ik-kan-wel*-zinnen op te schrijven, dus liep ik terug naar mijn plaats en keek verder om me heen wat er gebeurde. De leerlingen gingen nog een minuut of tien door met schrijven, de meesten kregen hun bladzijde wel vol. Sommigen waren al aan een nieuwe bladzijde begonnen.
'Nu moeten jullie de bladzijde waar jullie zijn volmaken en niet meer aan een nieuwe beginnen,' was de instructie waarmee Donna het einde van de oefening inluidde. De leerlingen kregen vervolgens de opdracht hun vellen papier dubbel te vouwen en in te leveren. De leerlingen liepen naar voren en deponeerden hun papieren in een lege schoenendoos die op het bureau van de onderwijzeres stond.
Toen alle papieren ingeleverd waren, legde ook Donna haar papier in de doos, waarna ze er het deksel op legde, de doos onder haar arm nam en er het klaslokaal mee uit liep. De leerlingen liepen achter haar aan. Ik volgde.
Halverwege de gang hield de optocht halt. Donna ging de kamer van de conciërge in en kwam terug met een schep. Met de schep in haar ene hand en de schoenendoos in de andere liep Donna voor de leerlingen uit naar buiten, naar de andere kant van het schoolplein, waar ze in de grond begon te graven.
Ze gingen hun negatieve opmerkingen over zichzelf begraven!

Het begraven nam ruim tien minuten in beslag omdat de meeste leerlingen daar hun bijdrage aan wilden leveren. Toen het gat ongeveer een meter diep was, hielden ze op met graven. De doos met negatieve opmerkingen werd op de bodem van de kuil gelegd en vlug bedekt met aarde.

Eenendertig kinderen van tien of elf stonden om het pasgegraven graf heen. Ieder van hen had minstens één volle pagina bijgedragen aan de schoenendoos, die nu een meter onder de grond lag. En hun onderwijzeres ook.

Toen zei Donna: 'Jongens en meisjes, geef elkaar nu allemaal een hand en buig jullie hoofden.' De leerlingen deden wat van hen gevraagd werd. Ze vormden een kring om het graf heen en stonden daar hand in hand. Ze bogen hun hoofd en wachtten. Donna sprak de grafrede uit.

'Vrienden, we zijn hier vandaag samengekomen om afscheid te nemen van *Ik-kan-niet*. Toen hij nog onder ons was, had hij op ieder van ons zijn invloed; op sommigen wat meer, op anderen wat minder. Zijn naam wordt helaas op allerlei plaatsen vaak uitgesproken; op scholen, in stadhuizen, in de hoofdsteden van de staten en ja, helaas ook in het Witte Huis.

Maar nu hebben wij *Ik-kan-niet* een laatste rustplaats gegeven, met een grafsteen waarop zijn naam staat. Hij wordt opgevolgd door zijn broers en zusters *Ik-kan-wel, Ik-zal* en *Ik-zal-nu-meteen*. Zij zijn niet zo bekend als hun beroemde familielid en ze zijn zeker nog lang niet zo sterk en machtig als hij. Maar misschien zullen ze ooit, met jullie hulp, meer invloed hebben in de wereld. Dat *Ik-kan-niet* in vrede moge rusten en dat alle aanwezigen hun leven in eigen hand mogen nemen en zonder hem verder gaan. Amen.'

Terwijl ik naar de grafrede stond te luisteren, realiseerde ik me dat de leerlingen deze dag nooit zouden vergeten. Het was een symbolische daad, een metafoor voor wat er in het leven gebeurt. Het was een ervaring die zich voor altijd zou vastzetten in hun bewustzijn en in hun onderbewustzijn.

Het laten noteren van deze dingen, het begraven ervan en het uitspreken van een grafrede, dat was de grote bijdrage van deze onderwijzeres. Maar ze was nog niet klaar. Toen ze de grafrede beëindigd had, liet ze de leerlingen omdraaien en liep ze met hen terug naar het klaslokaal, waar vervolgens een dodenwake werd gehouden.

Het heengaan van *Ik-kan-niet* werd gevierd met koekjes, popcorn en vruchtesap. En ten slotte knipte Donna uit karton nog een grote grafsteen waarop ze bovenaan de woorden *Ik-kan-niet* schreef, in het midden *R.I.P.* en onderaan de datum.
De kartonnen grafsteen bleef de rest van het schooljaar in Donna's lokaal hangen. En als het af en toe toch nog gebeurde dat een leerling zich vergiste en zei: 'Ik kan niet...' dan hoefde Donna alleen maar naar het karton te wijzen. Dan wist de leerling weer dat *Ik-kan-niet* dood was en dat hij iets anders moest bedenken.
Ik ben niet een van Donna's leerlingen geweest. Zij was een van de mijne. Maar die dag heb iets van haar geleerd dat ik niet zou vergeten.
Nu, jaren later, zie ik bij het horen van de zinsnede 'Ik kan niet...' nog steeds die beelden voor me van die begrafenis. En net als die leerlingen herinner ik me dan weer dat *Ik-kan-niet* dood is.

Chick Moorman

Het 333-verhaal

Toen ik een keer een weekendworkshop gaf in Deerhurst Lodge, ten noorden van Toronto, in Canada, passeerde op vrijdagavond een tornado het plaatsje Barrie, even ten noorden van waar wij zaten. Hierbij werden tientallen mensen gedood en werd voor miljoenen dollars schade aangericht. Toen ik op zondagavond naar huis reed stopte ik even toen ik via de snelweg door Barrie kwam. Ik stapte uit en keek om me heen. Het was een ravage. Overal waar ik keek zag ik zwaar beschadigde huizen en ondersteboven liggende auto's.
Diezelfde avond kwam ook Bob Templeton langs die plek. Ook hij stopte om de ramp in ogenschouw te nemen, maar hij dacht daar iets anders bij dan ik. Bob was plaatsvervangend hoofd van de raad van bestuur van Telemedia Communications, een bedrijf dat een keten radiostations in Ontario en Québec bezit. En hij was van mening dat zijn bedrijf met al die radiostations toch iets voor die mensen zou moeten kunnen doen.
De volgende avond leidde ik een andere workshop in Toronto. Bob Templeton en Bob Johnson, die ook in de raad van bestuur van Telemedia zat, kwamen binnen en bleven achter in de zaal staan. Zij vonden allebei dat zij iets moesten ondernemen voor de mensen van Barrie. Toen de workshop afgelopen was, liepen we naar Bobs kantoor. Hij was er inmiddels van overtuigd dat de mensen die slachtoffer waren geweest van de tornado, geholpen moesten worden.
De daaropvolgende vrijdag riep hij alle afdelingshoofden van Telemedia in zijn kantoor bij elkaar. Boven aan het eerste blad van de flipover noteerde hij drie 3'en en hij zei tegen de aanwezigen: 'Hoe zouden jullie het vinden als ik jullie vroeg om nu binnen drie uur te zorgen dat er over drie dagen drie miljoen dollar binnen is voor de inwoners van Barrie?' Er volgde een diepe stilte in

het zaaltje, waarna een van de aanwezigen opmerkte: 'Templeton, je bent gek. Zoiets is met geen mogelijkheid voor elkaar te krijgen.'
Bob zei: 'Wacht even. Ik heb niet gevraagd of we het konden, en ook niet of we het zouden moeten. Ik heb alleen gevraagd wat jullie ervan zouden denken.'
Toen zeiden ze allemaal: 'Maar natuurlijk zouden we dat wel willen.' Toen trok hij een lange verticale streep onder de 333. Aan één kant daarvan schreef hij: 'Waarom we het niet kunnen.' Aan de andere kant: 'Hoe we het wel zouden kunnen.'
'Ik zal een grote X neerzetten onder het hoofdje links,' zei hij. 'We gaan geen tijd besteden aan gedachten over de reden waarom we het niet zouden kunnen. Dat heeft geen zin. Maar aan de andere kant zal ik elk idee opschrijven dat bij ons opkomt. En we beëindigen deze bijeenkomst niet voordat we een oplossing hebben.'
Weer volgde er een diepe stilte.
Ten slotte merkte een van de aanwezigen op: 'We zouden een radioprogramma kunnen maken dat in heel Canada wordt uitgezonden.'
Bob zei: 'Dat is een prima idee', en noteerde het.
Voordat hij was uitgeschreven, zei een ander: 'Dat kan helemaal niet; we hebben lang niet overal radiostations in Canada.' Dat was geen onzinnig bezwaar. Ze hadden tenslotte alleen radiostations in Ontario en Québec.
Templeton antwoordde: 'Daarom kunnen we het juist wel. Het idee blijft staan.' Maar het bezwaar was wel gegrond, want radiostations in Canada beconcurreren elkaar heel sterk. Meestal willen ze niet met elkaar samenwerken en het leek haast onmogelijk ze allemaal op één lijn krijgen voor zo'n idee.
Maar ineens opperde iemand een idee: 'Kunnen we niet Harvey Kirk en Lloyd Robertson proberen te krijgen, de bekendste presentatoren van het hele land.' En van toen af was het haast niet te geloven hoe snel de ideeën van de aanwezigen begonnen te stromen.
Dat was vrijdag. En de dinsdag daarop vond de marathonuitzending van de radio plaats. Ze hadden vijftig radiostations over het hele land weten te interesseren om de uitzending over te nemen. En het maakte niemand iets uit wie de eer ervoor kreeg, zolang de inwoners van Barrie het geld maar kregen. Harvey

Kirk en Lloyd Robertson presenteerden het programma en slaagden erin met een drie uur durend programma binnen drie dagen drie miljoen dollar binnen te krijgen!
Zo zie je maar dat je alles kunt als je je maar concentreert op de manier waarop je het moet aanpakken in plaats van op de redenen waarom het niet zou lukken.

Bob Proctor

Vragen, vragen, vragen

De vrouw die op het ogenblik de beste vertegenwoordiger ter wereld is, vindt het niet erg als u haar een meisje noemt. Dat komt doordat zij, Markita Andrews, vanaf de tijd dat ze zeven jaar oud was meer dan tachtigduizend dollar heeft weten te verdienen met de verkoop van koekjes van de girlscouts, de padvindsters.
Door na schooltijd de deuren langs te gaan heeft de uitzonderlijk verlegen Markita zich tot een wonderbaarlijke koekjesverkoopster weten te ontwikkelen, en op haar dertiende heeft ze het geheim van goed verkopen ontdekt.
Het begon met verlangen, een diep en vurig verlangen.
Markita en haar moeder, die als serveerster de kost verdiende nadat haar man haar in de steek had gelaten toen Markita acht was, hadden de droom om grote reizen te maken. 'Ik zal zo hard werken dat ik genoeg geld verdien om je een universitaire opleiding te geven,' had haar moeder een keer tegen haar gezegd. 'Jij gaat studeren en als je afgestudeerd bent, zul je zoveel verdienen dat je mij mee kunt nemen op een wereldreis. Oké?'
Dus toen Markita op haar dertiende in het padvindstersblaadje las dat degene die de meeste koekjes verkocht een geheel verzorgde wereldreis voor twee personen zou winnen, besloot ze zoveel mogelijk koekjes te gaan verkopen, meer koekjes dan ooit iemand verkocht had.
Maar verlangen alleen is niet genoeg. Om haar droom waar te kunnen maken, had je een plan nodig, begreep Markita.
'Zorg ervoor dat je altijd je uniform aan hebt. Dat is je werkkleding,' adviseerde haar tante haar. 'Als je in zaken bent, dan moet je je daar ook op kleden. Dus trek altijd je padvindstersuniform aan. En als je tussen halfvijf en halfzeven bij de mensen langsgaat, vraag dan altijd of ze een grote bestelling willen plaatsen. En vergeet niet dat je altijd moet glimlachen. Of ze iets kopen of

niet, blijf altijd vriendelijk. En vraag ze niet om koekjes te kopen, maar vraag ze om te investeren.'

Er waren vast veel andere padvindsters die die wereldreis graag hadden willen winnen. Er waren er vast veel die dat ook van plan zijn geweest. Maar alleen Markita was op het idee gekomen om elke dag in haar uniform vanuit school de boer op te gaan om de mensen te vragen – steeds maar weer – om in haar droom te investeren. 'Hallo. Ik heb een droom. Ik probeer voor mijn moeder en mijzelf een wereldreis te winnen door girlscout-koekjes te verkopen,' was haar openingszin. 'Zou u willen investeren in tien of twintig dozen koekjes?'

Markita verkocht dat jaar 3526 dozen koekjes en won de wereldreis voor twee personen. Sindsdien heeft zij meer dan 42.000 dozen koekjes verkocht, heeft ze op verkoopconferenties door het hele land het woord mogen voeren, heeft ze in een film over haar avonturen mogen spreken en heeft ze samen met anderen een bestseller geschreven onder de titel *Hoe verkoop ik meer koekjes, kaas, kleding... en wat u verder maar wilt.*

Markita is niet slimmer en niet extraverter dan duizenden andere mensen, of ze nu jong zijn of oud, die hun eigen dromen hebben. Het enige verschil is dat Markita het geheim van goed verkopen heeft ontdekt: vragen, vragen, vragen! Veel mensen mislukken nog voordat ze beginnen doordat ze niet vragen om wat ze willen. De angst om afgewezen te worden leidt er bij velen van ons toe dat we ons zelf en onze dromen afwijzen voordat iemand anders daar kans toe ziet, onverschillig wat we proberen te verkopen.

En iedereen probeert wel iets te verkopen. 'Je verkoopt jezelf elke dag, op school, tegenover je baas, tegenover mensen die je voor het eerst ontmoet,' zei Markita al toen ze veertien was. 'Mijn moeder is serveerster; zij probeert de dagschotel van het restaurant waar ze werkt zo goed mogelijk te verkopen. Politici die stemmen proberen te winnen, moeten zich zo goed mogelijk zien te verkopen... Een van mijn beste leraressen was mevrouw Chapin. Zij heeft aardrijkskunde voor mij interessant gemaakt, en dat deed ze door het vak goed te verkopen... Overal om me heen zie ik dat er dingen verkocht worden. Verkopen is een belangrijke menselijke activiteit.'

Er is wel moed nodig om te vragen wat je hebben wilt. Moed is

iets anders dan de afwezigheid van angst; het betekent doen wat je moet doen ondanks je angst. En, zoals Markita ontdekt heeft, hoe meer je vraagt, des te makkelijker (en leuker) wordt het.
Tijdens een rechtstreekse televisieuitzending stelde de presentator Markita eens voor de grootste uitdaging op dit gebied door haar op te dragen te proberen haar koekjes aan een andere gast in het programma te verkopen. 'Zou u willen investeren in tien of twintig dozen girlscout-koekjes?' vroeg ze.
'Girlscout-koekjes? Nee, die wil ik niet!' antwoordde de aangesprokene. 'Ik ben gevangenenbewaarder van beroep en ik heb te maken met tweeduizend verkrachters, inbrekers, overvallers en kindermishandelaars.'
Onverstoorbaar antwoordde Markita meteen: 'Maar meneer, als u wat van mijn koekjes koopt wordt u misschien wel een stuk aardiger. En denkt u er ook eens aan dat het misschien een goed idee zou zijn om wat koekjes mee te nemen voor ieder van uw tweeduizend gevangenen.'
Markita vroeg het gewoon.
En de gevangenenbewaarder trok zijn portefeuille.

Jack Canfield en Mark V. Hansen

Voelde jij ook dat de aarde bewoog?

De elfjarige Angela was getroffen door een verlammende zenuwziekte. Ze kon niet meer lopen en ook in haar andere bewegingen was ze daardoor beperkt. De artsen hadden niet veel hoop dat ze zou genezen van haar ziekte en voorspelden dat ze de rest van haar leven in een rolstoel zou moeten doorbrengen. Ze zeiden dat maar weinig mensen van deze ziekte ooit weer herstelden. Maar het meisje was daar helemaal niet van onder de indruk. Liggend in haar ziekenhuisbed zei ze tegen iedereen die het maar horen wilde dat ze op een goede dag beslist weer in staat zou zijn om te lopen.
Ze werd overgebracht naar een gespecialiseerd revalidatiecentrum in de buurt van San Francisco, waar alle mogelijke therapieën die voor haar van toepassing zouden kunnen zijn uitgeprobeerd werden. Haar behandelaars waren geïmponeerd door haar onverwoestbare optimisme. Ze leerden haar haar fantasie gebruiken om beter te worden: ze leerden haar zich voor te stellen dat ze weer kon lopen. Als het niet lukte, dan had ze in ieder geval weer wat meer hoop, en bovendien had ze iets positiefs te doen tijdens die lange uren die ze wakend in bed moest doorbrengen. Angela werkte zo hard als ze kon tijdens de fysiotherapie, in bubbelbaden en in gymzalen, maar als ze stil in bed lag, werkte ze net zo hard door zich voor te stellen dat ze weer liep, vrijuit liep!
Op een dag, toen ze zich weer ontzettend inspande om zich voor te stellen dat ze haar benen weer kon bewegen, leek het wel alsof er een wonder gebeurde: het bed bewoog! Het ging de hele kamer door! Ze schreeuwde het uit: 'Kijk eens wat ik kan! Kijk dan! Kijk dan! Ik kan het! Ik bewoog!'
Maar natuurlijk waren alle anderen in het ziekenhuis op dat moment ook aan het schreeuwen. Iedereen zocht dekking. Allerlei

apparaten vielen om en er klonk het geluid van brekend glas. Er was namelijk weer een aardbeving aan de gang, waar de streek rond San Francisco bekend om staat. Maar dat moet je niet tegen Angela zeggen. Zij is er namelijk van overtuigd dat het haar gelukt is te bewegen. En nu, een paar jaar later, is ze weer terug op school. Ze loopt weer op twee benen. Geen krukken, geen rolstoel. Want zo is het natuurlijk: voor wie de aarde in beweging kan brengen, is een onbenullige ziekte geen partij. Ja toch?

Hanoch McCarty

Tommy's bumpersticker

In onze kerk in Huntingdon Beach kwam een jongetje naar me toe nadat ik een praatje had gehouden over de Kinderbank. Hij gaf me een hand en zei: 'Mijn naam is Tommy Tighe. Ik ben zes jaar en ik wil geld lenen van die Kinderbank van u.'
Ik zei: 'Dat kan, Tommy. Dat is een van de doelen die ik mezelf gesteld heb, om kinderen geld te lenen. En tot dusver hebben alle kinderen aan wie ik geleend heb alles terugbetaald. Waar heb je het voor nodig?'
Hij zei: 'Al sinds mijn vierde jaar heb ik het idee dat ik voor vrede in de wereld kan zorgen. Ik wil een bumpersticker maken waarop staat: VREDE, ALSJEBLIEFT! DOE HET VOOR ONS KINDEREN, met daaronder mijn naam, TOMMY.
'Daar kan ik me wel in vinden,' zei ik. Hij had 454 dollar nodig om duizend stickers te laten maken. Het *Mark Victor Hansen Kinderen-Ondernemers Fonds* schreef een cheque uit op naam van de drukker die de bumperstickers zou produceren.
Tommy's vader fluisterde me in het oor: 'Als hij de lening niet terugbetaalt, laat je dan zijn fiets in beslag nemen?'
Ik zei: 'Nee – even afkloppen – ieder kind wordt eerlijk geboren en heeft een moraal. Als ze anders zijn, dan hebben ze dat aangeleerd. Ik heb er vertrouwen in dat hij me terug zal betalen.' Als je een kind hebt dat ouder is dan negen jaar, dan moet je het laten werken bij iemand die eerlijk is en een moraal heeft; dan leren ze het principe het snelst.
We gaven Tommy een kopie van al mijn banden met praatjes over verkooptechnieken en hij luisterde er goed naar. Ik begin altijd met te zeggen: 'Begin met de verkoop altijd aan de top.' Tommy wist dan ook zijn vader te overtuigen dat hij hem naar het huis van Ronald Reagan moest rijden. Hij belde aan bij het hek, waarna de portier naar buiten kwam. Tommy hield een

twee minuten durend en onweerstaanbaar verkooppraatje tegen hem. De man haalde zijn portemonnee te voorschijn, gaf Tommy anderhalve dollar en zei: 'Hier, geef mij er maar een. En wacht even, dan bel ik de ex-president even.'
Ik vroeg: 'Waarom heb je hem gevraagd er een te kopen?' Hij antwoordde: 'U zei op uw bandjes dat ik het aan iedereen moest vragen.' Ik zei: 'Ja, dat klopt. Dat klopt. Het is mijn schuld.'
Tommy stuurde Michael Gorbatsjov een sticker, te zamen met een rekening voor $1,50. Gorbatsjov stuurde hem $1,50 en een foto van hemzelf met de tekst *Op voor de vrede,* Tommy en zijn handtekening.
Nu wil het toeval dat ik handtekeningen verzamel. Dus ik zei tegen Tommy: 'Ik geef je vijfhonderd dollar voor Gorbatsjovs handtekening.'
Hij zei: 'Nee, bedankt, meneer Hansen.'
Ik zei: 'Tommy, ik bezit een aantal bedrijven. Als je wat groter bent, zou ik je graag in dienst nemen.'
Maar hij antwoordde: 'U maakt een grapje. Als ik groter ben, neem ik u in dienst.'
In de zondagseditie van de *Orange County Register* kwam een artikel te staan over het verhaal van Tommy's onderneming. Marty Shaw hield een heel lang interview met Tommy, waarin hij hem onder andere vroeg wat hij dacht dat het effect van de actie zou zijn op de wereldvrede. Tommy zei: 'Ik denk dat ik er nog niet oud genoeg voor ben om echt effect te hebben; ik denk dat je toch minstens acht of negen moet zijn om alle oorlogen in de wereld te kunnen laten ophouden.'
Marty vroeg hem verder wie zijn grote helden waren, waarop hij antwoordde: 'Mijn vader, George Burns, Wally Joiner en Mark Victor Hansen.' Tommy heeft een goede smaak wat zijn idolen betreft.
Drie dagen later kreeg ik een kaartje van de Hallmark Greeting Card Company. Een van hun vertegenwoordigers had hun het artikel in de *Orange County Register* gefaxt. Ze waren van plan een conferentie te beleggen in San Francisco en wilden Tommy graag als spreker uitnodigen. Tenslotte had Tommy zich negen doelen gesteld waarover zij graag meer wilden horen.

1. Informeren naar de kosten.
2. Een bumpersticker laten drukken.
3. Een plan maken om een lening af te sluiten.
4. Uitzoeken hoe je het de mensen vertelt.
5. Adressen van vooraanstaande leiders zien te krijgen.
6. Brieven schrijven aan politieke leiders en hun allemaal een gratis sticker sturen.
7. Met iedereen over het onderwerp vrede praten.
8. De krant bellen en je zaken ermee bespreken.
9. Op school erover praten.

Hallmark wilde dat ik Tommy zou uitnodigen om te komen spreken. Het ging uiteindelijk niet door omdat de twee weken die er nog resteerden te kort waren om het praatje voor te bereiden, maar de onderhandelingen tussen Hallmark, Tommy en mijn persoon waren plezierig, instructief en heel zakelijk.
Joan Rivers belde Tommy Tighe om hem uit te nodigen voor haar talkshow op de televisie. 'Tommy,' zei Joan, 'je spreekt met Joan Rivers. Ik wilde je vragen om naar New York te komen om in mijn show te komen praten. Er kijken miljoenen mensen naar.'
'Fantastisch!' zei Tommy. Wist hij veel wie zij was.
'Je krijgt er driehonderd dollar voor,' zei Joan.
'Fantastisch!' zei Tommy. Hij had goed naar mijn bandjes over verkooptechnieken geluisterd, dus hij zei tegen Joan Rivers: 'Ik ben pas acht jaar, dus ik kan niet alleen naar u toe komen. Maar u kunt het zich natuurlijk best veroorloven dat mijn moeder ook meekomt, hè?'
'Ja hoor,' antwoordde Joan.
'En tussen haakjes. Ik heb net ergens gelezen dat je in het Trump Plaza Hotel moet logeren als je in New York bent. Daar kunt u toch ook wel voor zorgen, hè?'
'Ja hoor,' antwoordde ze.
'En er stond ook bij dat je, als je in New York bent, naar het Empire State Building moet gaan en naar het Vrijheidsbeeld. Daar kunt u toch voor ons ook wel kaartjes voor krijgen, hè?'
'Ja...'
'Fantastisch! En had ik u al verteld dat mijn moeder geen auto rijdt? Maar we kunnen vast wel gebruik maken van uw limousine, hè?'

'Zeker wel,' antwoordde Joan.
Tommy trad in haar talkshow op en nam Joan, de cameraploeg en het publiek voor zich in. Hij was zo leuk, interessant, authentiek en ondernemend en hij vertelde zulke overtuigende en boeiende verhalen dat het aanwezige publiek maar al te graag de portemonnee trok om ter plaatse bumperstickers van hem te kopen.
Aan het einde van de show boog Joan Rivers zich naar hem toe en vroeg: 'Tommy, denk je nou echt dat die bumpersticker van jou vrede in de wereld zal brengen?'
Tommy antwoordde met een enthousiaste en stralende glimlach op zijn gezicht: 'Nou, ik ben er nu twee jaar mee bezig en de Muur in Berlijn is al gevallen. Ik doe het eigenlijk niet zo slecht, vindt u niet?'

Mark V. Hansen

> PEACE PLEASE!
> DO IT FOR US KIDS!
> Tommy

Tot nu toe heeft Tommy meer dan 2500 bumperstickers verkocht. Hij heeft zijn lening van 454 dollar aan Mark Victor Hansens Kinderen-Ondernemersfonds terugbetaald.

Als je niets vraagt, krijg je ook niets
– als je het wel doet, wel

Mijn vrouw Linda en ik wonen in Miami in Florida. Toen we nog maar net bezig waren met *Little Acorn,* onze assertiviteitstraining voor kinderen, bedoeld om hun nee te leren zeggen tegen drugs, promiscuïteit en ander negatief gedrag, ontvingen we een brochure voor een opvoedkundig congres in San Diego in Californië. We lazen de brochure en realiseerden ons dat iedereen die in die wereld iets te betekenen heeft erheen ging, zodat wij ook wel moesten gaan. Maar we wisten niet hoe we dat voor elkaar moesten krijgen. We waren net gestart en we waren ons huis nog aan het inrichten. En daarbij hadden we al ons geld gestoken in het opzetten van onze praktijk. We konden ons gewoon de vliegtickets en de overige onkosten niet veroorloven. Maar we wisten wel dat we ernaar toe moesten, dus begonnen we te vragen.
Het eerste dat ik deed, was de organisatoren van het congres bellen, hun uitleggen waarom we vonden dat we er per se bij moesten zijn en vragen of zij ons twee gratis deelnamebewijzen voor het congres konden bezorgen. Toen ik hun onze situatie uitlegde, vertelde waar we mee bezig waren en waarom we erbij moesten zijn, stemden ze toe. De toegang was dus geregeld.
Ik zei tegen Linda dat we kaarten voor het congres hadden. 'Fantastisch!' zei ze. 'Maar wij zitten in Miami, en het congres is in San Diego. Wat nu?'
Ik zei: 'We moeten vervoer zien te regelen.' Ik belde Northeast Airlines, een luchtvaartmaatschappij waarvan ik wist dat het ze op dat moment voor de wind ging. De vrouw die ik aan de lijn kreeg, was toevallig de secretaresse van de directeur, dus ik legde haar uit waar het mij om te doen was. Ze verbond me direct door met Steve Quinto, de directeur zelf. Ik legde hem uit dat ik net had gebeld met de organisatoren van het congres in San Diego en dat zij ons twee gratis kaarten hadden gegeven voor het congres,

maar dat we nu het probleem hadden hoe we daar moesten komen, en of hij ons misschien twee retourtjes naar San Diego kon geven. Hij zei: 'Maar natuurlijk.' Zomaar. Pats, boem. En door wat hij daarna zei, was ik echt verbijsterd. Hij zei: 'Bedankt dat je het gevraagd hebt.'
Ik zei: 'Pardon?'
Hij zei: 'Ik kan alleen iets goeds doen voor mensen als ze het me vragen. Ik kan niets beters doen dan iets van mijzelf wegschenken, en u hebt me dat zojuist gevraagd. Dat is voor mij een goede gelegenheid en daarvoor wil ik u danken.' Ik wist niet goed hoe ik daarop moest reageren. Ik bedankte hem en hing op. Ik keek mijn vrouw aan en zei: 'Schat, we hebben de vliegtickets.' Zij zei: 'Fantastisch! Maar waar gaan we logeren?'
Toen belde ik Holiday Inn in Miami om te vragen waar hun hoofdkantoor stond. Dat bleek in Memphis, Tennessee te zijn, dus toen belde ik daarnaar toe. Zij verbonden me door met de man die ik hebben moest. Dat bleek een vent in San Francisco te zijn, die over alle Holiday Inns in Californië ging. Ik legde hem uit dat we vliegtickets hadden gekregen van de luchtvaartmaatschappij en vroeg hem of hij ons op de een of andere manier drie dagen onderdak zou kunnen bieden. Hij vroeg of het goed was als hij ons als zijn gasten in het nieuwe hotel van de keten in San Diego onderbracht. Ik zei: 'Dat lijkt me prima.'
Toen zei hij: 'Maar ik moet er wel bij zeggen dat het hotel zestig kilometer van de campus ligt waar het congres gehouden wordt. Dus u moet er wel rekening mee houden dat het wel eens moeilijk kan zijn er te komen.'
Ik zei: 'We bedenken wel wat. Desnoods kopen we een paard.' Ik bedankte de man en zei tegen Linda: 'Nou schat, we hebben de toegangskaarten, de vliegtickets en onderdak. Nu hebben we nog twee keer per dag vervoer nodig tussen het hotel en de campus.
Toen belde ik het autoverhuurbedrijf National Car Rental, vertelde mijn verhaal en vroeg of ze iets voor me konden doen. Ze vroegen me of een nieuwe Oldsmobile 88 me geschikt leek, hetgeen ik kon bevestigen.
Binnen één dag had ik de hele zaak geregeld.
Een aantal van onze maaltijden moesten we uiteindelijk wel zelf betalen, maar tijdens het congres vertelde ik voor alle aanwezi-

gen mijn verhaal en voegde daar nog aan toe: 'Iedereen die ons mee uit eten neemt, kan rekenen op onze hartelijke dank.' Op die opmerking reageerden ongeveer vijftig mensen, dus we kregen nog een aantal maaltijden cadeau ook.

We hadden het enorm naar onze zin, leerden veel en maakten kennis met mensen als Jack Canfield, die nog steeds adviseur is bij ons bedrijf. Toen we terug waren in Florida gingen we pas goed van start en het aantal deelnemers aan ons programma groeit met ongeveer 100% per jaar. Vorig jaar schreven we het 2250ste gezin in voor het *Little Acorn*-programma. Verder organiseerden we nog twee grote congressen voor pedagogen en onderwijskundigen onder de titel *Zorgen voor een veilige wereld voor kinderen*, waarvoor we mensen vanuit de hele wereld uitnodigden. Duizenden pedagogen zijn ernaar toe gekomen om ideeën op te doen over het aanbieden van assertiviteitstrainingen voor kinderen naast het gewone lesprogramma.

De laatste keer dat we het congres organiseerden, nodigden we onderwijsmensen uit tachtig verschillende landen uit. Zeventien landen stuurden officiële vertegenwoordigers, waaronder enkele ministers van onderwijs. Hierdoor kregen wij uitnodigingen om ons programma te komen doen in Rusland, Oekraïne, Wit-Rusland, Kazachstan, Mongolië, Taiwan, de Cook-eilanden en Nieuw-Zeeland.

Hieruit blijkt maar weer eens dat je alles voor elkaar kunt krijgen als je er maar gewoon om vraagt.

Rick Gelinas

De zoektocht van Rick Little

Om vijf uur 's ochtends viel Rick Little achter het stuur van zijn auto in slaap, denderde van een drie meter hoog talud af en kwam tot stilstand tegen een boom. Hij had een gebroken rug en moest de volgende zes maanden plat liggen. Rick had toen gelegenheid te over om na te denken over zijn leven, iets waar dertien jaar schoolopleiding hem niet op had voorbereid. En twee weken nadat hij uit het ziekenhuis ontslagen was, trof hij toen hij een keer 's middags thuiskwam, zijn moeder half bewusteloos op de vloer aan. Ze had een grote hoeveelheid slaappillen geslikt. Hierdoor werd Rick er nog eens met zijn neus op gedrukt hoe ontoereikend zijn schoolopleiding was waar het de emotionele kanten van het leven betrof.
In de daaropvolgende maanden begon Rick gedachten over het opzetten van een cursus te ontwikkelen waarbij de deelnemers meer zelfvertrouwen moesten krijgen en beter met relaties en conflicten moesten leren omgaan. Toen Rick naging hoe zo'n cursus eruit zou moeten zien, kwam hem een rapport van de Nationale Onderwijsraad onder ogen waarin duizend mensen van dertig gevraagd was of zij in hun middelbare-schoolopleiding voldoende vaardigheden hadden geleerd die ze later in het leven nodig hadden gehad. Meer dan tachtig procent had geantwoord: 'Absoluut niet.'
Deze dertigers was ook gevraagd welke vaardigheden zij nu graag geleerd hadden willen hebben. Het hoogste scoorden bij de beantwoording daarvan de relationele vaardigheden. Hoe je het voor elkaar krijgt om beter op te schieten met de mensen om je heen. Hoe je een baan vindt, en hoe je die houdt. Hoe je omgaat met conflicten. Hoe je een goede ouder wordt. Hoe je moet reageren op de ontwikkelingen die je kinderen doormaken. Hoe je met geld omgaat. En hoe je de zin van het leven moet ontdekken.

Met in het achterhoofd zijn wens om een groep op te zetten waarin dit soort dingen geleerd zou kunnen worden, brak Rick zijn studie af en begon het land rond te reizen en onderzoek te doen onder middelbare scholieren. Bij zijn zoektocht naar informatie over de verlangde inhoud van zijn cursus stelde hij aan meer dan 2000 leerlingen aan 120 middelbare scholen dezelfde twee vragen:

1. Als je op jouw school een cursus moest opzetten waar je zou kunnen leren omgaan met de problemen die jij in het leven tegenkomt, wat zou je in zo'n cursus dan willen leren?
2. Maak een lijstje van de tien belangrijkste problemen in je leven, thuis en op school, waarvan je had gewild dat je daar beter mee had kunnen omgaan.

Het bleek dat het niet veel uitmaakte of de leerlingen afkomstig waren van rijke privé-scholen of uit achterstandswijken, uit de stad of van het platteland; de antwoorden leken erg veel op elkaar. Eenzaamheid en jezelf niet accepteren stonden bovenaan. En bovendien wilden ze volgens hun verlanglijstje dezelfde vaardigheden aanleren als de mensen van dertig uit het genoemde onderzoek.

Rick woonde twee maanden lang in zijn auto en had al die tijd niet meer nodig dan zestig dollar. Meestal at hij boterhammen met pindakaas, en soms at hij helemaal niet. Rick had weinig geld, maar hij geloofde in zijn droom.

Zijn volgende stap was het opstellen van een lijstje van de beste onderwijskundigen en psychologen in het land, die hij vervolgens stuk voor stuk bezocht om hun te vragen hem te adviseren en te steunen. Ze waren wel onder de indruk van zijn benadering – de leerlingen direct vragen wat ze wilden leren – maar ze boden maar weinig hulp. 'Je bent er te jong voor,' zeiden ze. 'Ga terug naar de universiteit. Haal je diploma. Studeer hard, dan zul je dit met succes kunnen aanpakken.' Erg bemoedigend klonk dit allemaal niet.

Maar Rick hield vol. Toen hij twintig was, had hij zijn auto en zijn kleren verkocht, geld geleend van zijn vrienden en had hij in totaal 32.000 dollar schuld. Toen adviseerde iemand hem om

naar een liefdadigheidsinstelling te gaan en om een lening te vragen.
De eerste afspraak bij een dergelijke instelling draaide uit op een enorme teleurstelling. Toen hij het kantoor van het fonds binnenliep, beefde Rick zo ongeveer van angst. Degene die hem te woord stond, was een reusachtige, donkerharige man met een barse uitdrukking op zijn gezicht. Hij zei een halfuur lang geen stom woord terwijl Rick hem vertelde over zijn moeder, over de tweeduizend kinderen die hij had ondervraagd en zijn nieuwe cursus voor middelbare-schoolkinderen.
Toen hij uitgesproken was, schoof de directeur van het fonds een stapel papier opzij en zei: 'Jongen, ik zit hier nu twintig jaar. We hebben al ettelijke van dat soort programma's gefinancierd en ze zijn allemaal mislukt. Ook jouw plan zal mislukken. En weet je waarom? Omdat je jong bent, geen geld hebt en geen diploma. Niets heb je. Daarom.'
Toen hij het kantoor van het fonds verliet, zwoer Rick dat hij zou bewijzen dat de man het bij het verkeerde eind had. Hij onderzocht welke fondsen geïnteresseerd waren in het sponsoren van projecten ten behoeve van tieners. Hij besteedde maanden aan het schrijven van ontwikkelingsvoorstellen en werkte van de vroege ochtend tot de late avond. Zo ging er een jaar voorbij. Elk voorstel dat hij de deur uit stuurde, was zorgvuldig toegesneden op de eisen en voorkeuren van het fonds in kwestie. Maar steeds kreeg hij nul op het rekest.
Voorstel na voorstel werd afgewezen, en toen dat voor de honderdvijfenvijftigste keer gebeurd was, begonnen de mensen die Rick altijd gesteund hadden zich terug te trekken. Zijn ouders smeekten hem zijn studie weer op te pakken, en Ken Greene, een leraar die zijn baan had opgezegd om Rick te helpen, zei: 'Rick, ik heb geen geld meer en ik heb een gezin te onderhouden. Ik wacht nog één voorstel af, maar als dat ook niks wordt, ga ik weer lesgeven.'
Rick had dus nog één laatste kans. Geprikkeld door zijn wanhopige situatie en nog eens extra gemotiveerd door zijn vaste overtuiging wist hij zich langs diverse ondergeschikten heen te praten en een afspraak te maken met dr Russ Mawby, de voorzitter van de Kellogg-stichting. Op weg naar het restaurant waar ze zouden lunchen, kwamen ze langs een ijscoman. 'Heb je trek in

een ijsje?' vroeg Mawby. Rick knikte. Maar toen kon hij zijn zenuwen niet meer de baas. Hij kneep te hard in het ijsje, waardoor het chocoladeijs tussen zijn vingers door droop. Hij deed een aantal pogingen om het spul kwijt te raken, maar dr Mawby had gezien wat er gebeurd was en barstte in lachen uit. Hij liep terug naar de ijsverkoper en kwam terug met een paar servetjes voor Rick.
De jongeman stapte met een rood hoofd en een gevoel van schaamte in de auto. Hoe kon hij in godsnaam een aanvraag voor sponsoring indienen als hij niet eens een ijsje vast kon houden?
Twee weken later belde dr Mawby hem op. 'Je hebt een aanvraag ingediend voor een subsidie van 55.000 dollar. Maar het spijt ons; degenen die erover beslissen hebben tegengestemd.' Rick voelde de tranen achter zijn ogen prikken. Twee jaar lang had hij gewerkt aan zijn droom, en nu was het afgelopen.
'Maar,' zei Mawby, 'we hebben wel besloten om je 130.000 dollar te geven.'
Toen kwamen de tranen los. Rick kon maar nauwelijks een woord van dank uitbrengen.
Vanaf dat moment heeft Rick in totaal honderd miljoen dollar aan sponsorgeld weten los te krijgen om zijn droom te financieren. Het lesprogramma dat hij heeft ontwikkeld wordt op het ogenblik in dertigduizend scholen gegeven, verdeeld over alle vijftig staten en in tweeëndertig andere landen. Per jaar krijgen nu drie miljoen kinderen les in de belangrijke vaardigheden in het leven, en dat alleen maar omdat iemand van negentien geen afwijzing accepteerde.
In 1989 heeft Rick Little – vanwege het enorme succes van zijn lesprogramma – een bedrag van vijfenzestig miljoen dollar aan sponsorgelden gekregen – het grootste bedrag ooit voor een dergelijk doel uitgekeerd – om het Internationaal Jongerenfonds op te richten. Dit fonds is gericht op het ontwikkelen en uitbreiden van succesvolle programma's voor jongeren over de hele wereld.
Het leven van Rick Little toont aan hoeveel een visioen vermag wanneer dat gekoppeld is aan de bereidheid om te blijven vragen totdat je je droom hebt waargemaakt.

Naar Peggy Mann

De magie van 'ergens in geloven'

Ik ben nog niet oud genoeg om te mogen honkballen of voetballen. Ik ben nog geen acht. Mijn moeder heeft me gezegd: als jij gaat honkballen, kun je niet hard genoeg lopen omdat je een operatie hebt ondergaan. Toen heb ik tegen mijn moeder gezegd dat ik niet hard zal hoeven te lopen. Als ik ga honkballen, sla ik gewoon de ballen het veld uit. Dan kan ik naar het thuishonk wandelen.

Edward J. McGrath jr
'An exceptional View of Life'

Glenna's droomalbum

In 1977 was ik een alleenstaande moeder met drie dochtertjes, een hypotheek en een niet afbetaalde auto, en had ik sterk de behoefte een paar oude dromen weer nieuw leven in te blazen.
Ik nam deel aan een workshop en op een avond hoorde ik iemand spreken over het principe V x L = R (Verbeelding gemengd met Levendigheid levert Realiteit op). De spreker wees erop dat de geest in beelden denkt, niet in woorden, en dat, als we ons in de geest levendig voorstellen wat we wensen, die wens dan realiteit zal worden.
Dit idee raakte een snaar bij me. Ik kende de bijbelse wijsheid dat de Heer 'ons hartsverlangen vervult' (Ps. 37,4). Ik wilde dan ook niets liever dan mijn liefste wensen voor mijzelf verbeelden. Ik begon plaatjes uit oude tijdschriften te knippen waarop mijn 'hartsverlangen' stond uitgebeeld. Ik plakte ze in een duur fotoalbum en wachtte op de dingen die komen gingen.
Mijn plaatjes lieten aan duidelijkheid niets te wensen over. Erop stonden:

1. Een knappe man.
2. Een vrouw in bruidsjurk en een man in smoking.
3. Een boeket bloemen.
4. Prachtige diamanten en juwelen.
5. Een eiland in de diepblauwe Caribische Zee.
6. Een prachtig huis.
7. Nieuwe meubels.
8. Een vrouw die onlangs directeur was geworden van een groot bedrijf. (Ik werkte bij een bedrijf waar geen vrouwelijke chefs werkten, en ik wilde de eerste vrouw zijn die daar directeur werd.)

Een week of acht later reed ik om halfelf 's ochtends ergens in Californië op de snelweg. Plotseling passeerde me een prachtige rood-witte Cadillac. Ik keek naar de auto omdat die zo mooi was. En de bestuurder keek naar mij en glimlachte. Ik glimlachte terug, gewoon omdat ik altijd glimlach. Maar toen raakte ik echt in de problemen. Hebt u dat nooit meegemaakt? Ik probeerde te doen alsof ik niet had gekeken. 'Ik? Gekeken? Nee hoor!' De volgende twintig kilometer reed hij achter me aan. Hij joeg me de stuipen op het lijf. Als ik een stukje reed, reed hij achter me aan. Als ik stopte, stopte hij ook... En uiteindelijk ben ik met hem getrouwd!

Op de dag na die van ons eerste afspraakje stuurde Jim me een grote bos rozen. Toen ontdekte ik dat hij een hobby had. Zijn hobby was diamanten verzamelen. Grote! En hij was op zoek naar iemand die zijn huis kon inrichten. Ik heb me als vrijwilliger opgegeven! We zijn twee jaar met elkaar gegaan en iedere maandagochtend kreeg ik een prachtige lange roos en een liefdesbrief van hem.

Ongeveer drie maanden voordat we trouwden zei Jim tegen me: 'Ik heb een perfecte plek ontdekt voor onze huwelijksreis. We gaan naar St. John in de Cariben.' Lachend zei ik: 'Daar had ik nou nooit aan gedacht!'

Ik heb Jim pas de waarheid over mijn plakboek verteld toen we bijna een jaar getrouwd waren. Toen trokken we in ons prachtige nieuwe huis en kon ik al die mooie meubels kopen die ik me van tevoren had voorgesteld. Jim bleek namelijk directeur te zijn van het distributieapparaat van een van de beroemdste meubelfabrieken.

Tussen haakjes, de bruiloft vond plaats in Laguna Beach in Californië. De bruidsjapon en de smoking droegen we daar echt. En acht maanden nadat ik mijn droomalbum had samengesteld werd ik benoemd tot directeur personeelszaken van het bedrijf waar ik werkte.

In sommige opzichten lijkt dit verhaal wel een sprookje, maar het is zonder meer waar. Jim en ik hebben een groot aantal droomalbums gemaakt sinds we getrouwd zijn, en God heeft ons leven inhoud gegeven door het grote geloof dat wij hebben getoond.

Denk erover na wat je wilt in het leven, in elk opzicht. Stel het jezelf zo levendig mogelijk voor. En ga dan op basis van je wensen te werk en stel een droomalbum samen waarin jouw wensen staan afgebeeld. Zet met behulp van deze eenvoudige hulpmiddelen je fantasieën om in concrete realiteiten. En denk eraan: God heeft Zijn kinderen beloofd hun hartewensen te voldoen.

Glenna Salsbury

Weer een nummer afgevinkt

Op een regenachtige middag zat eens een jongen van vijftien die John Goddard heette aan de keukentafel van zijn ouderlijk huis in Los Angeles te schrijven. Boven aan het papier vóór zich schreef hij acht woorden op: Dingen die ik in het leven wil doen. En onder dat kopje noteerde hij 127 doelen die hij zich stelde. Sinds het moment dat hij dat deed, heeft hij er 108 van gerealiseerd. Kijk maar eens naar het lijstje doelstellingen van John Goddard hieronder. Het zijn geen eenvoudige of makkelijk te realiseren doelen. Er is sprake van het beklimmen van enkele van de hoogste bergen ter wereld, het bevaren van enorme rivieren, hardlopen, het verzamelde werk van Shakespeare lezen en de hele Encyclopedia Britannica lezen.

Bevaren:

- ✔ 1. Nijl
- ✔ 2. Amazone
- ✔ 3. Kongo
- ✔ 4. Colorado
-     5. Yang-tse Kiang
-     6. Niger
-     7. Orinoco
- ✔ 8. Rio Grande

Primitieve culturen bestuderen in:

- ✔ 9. Kongo
- ✔ 10. Nieuw-Guinea
- ✔ 11. Brazilië
- ✔ 12. Borneo
- ✔ 13. Soedan
- ✔ 14. Australië
- ✔ 15. Kenia
- ✔ 16. De Filipijnen
- ✔ 17. Tanganyika (nu Tanzania)
- ✔ 18. Ethiopië
- ✔ 19. Nigeria
- ✔ 20. Alaska

Beklimmen:

-     21. Mount Everest
-     22. Aconcagua (Argentinië)
-     23. Mount McKinley

- 24. Huascaran (Peru)
- 25. Kilimanjaro
- 26. Ararat (Turkije)
- 27. Mount Kenya
- 28. Mount Cook (Nw.-Zeeland)
- 29. Popocatepetl (Mexico)
- 30. Matterhorn
- 31. Mount Rainer
- 32. Fuji
- 33. Vesuvius
- 34. Bromo (Java)
- 35. Grand Tetons
- 36. Mount Baldy, Californië

- 37. Dokter worden
- 38. Alle landen ter wereld bezoeken (nog 30)
- 39. Navajo en Hopi bestuderen
- 40. Vliegbrevet halen
- 41. Leren paardrijden

Fotograferen:

- 42. Iguacu-watervallen (Brazilië)
- 43. Victoria-watervallen
- 44. Sutherland Falls
- 45. Yosemite Falls
- 46. Niagara watervallen
- 47. Marco Polo en Alexander de Grote nareizen

Duiken in:

- 48. Koraalriffen bij Florida
- 49. Great Barrier Reef
- 50. Rode Zee
- 51. Fiji-eilanden
- 52. Bahama's
- 53. Okefenokee en Everglades

Bezoeken:

- 54. Noordpool en zuidpool
- 55. Chinese Muur
- 56. Panamakanaal en Suezkanaal
- 57. Paaseiland
- 58. Galapagos-eilanden
- 59. Vaticaan
- 60. Taj Mahal
- 61. Eiffeltoren
- 62. Grotten van Han
- 63. De Tower van Londen
- 64. Scheve toren van Pisa
- 65. Heilige bron van Chichen-Itza
- 66. Ayer's Rock
- 67. Jordaan bekijken van Meer van Galilea tot Dode Zee

Zwemmen in:

- ✔ 68. Victoriameer
- ✔ 69. Lake Superior
- ✔ 70. Tanganyika-meer
- ✔ 71. Titicaca-meer
- ✔ 72. Nicaragua-meer

Nog te doen:

- ✔ 73. Hopman worden
- ✔ 74. In een onderzeeboot meevaren
- ✔ 75. Op een vliegdekschip starten en landen
- ✔ 76. Een ballonvlucht maken
- ✔ 77. Op een olifant rijden
- ✔ 78. Tweeëneenhalve minuut onder water blijven
- ✔ 79. Een kreeft van vijf kilo vangen
- ✔ 80. Fluit en viool leren spelen
- ✔ 81. Vijftig woorden per minuut typen
- ✔ 82. Parachutespringen
- ✔ 83. Skiën en waterskiën leren
- ✔ 84. Een missietocht maken
- ✔ 85. John Muir Trail lopen
- ✔ 86. Primitieve medicijnen bestuderen
- ✔ 87. Wilde dieren fotograferen
- ✔ 88. Leren schermen
- ✔ 89. Judo leren
- ✔ 90. College geven op een universiteit
- ✔ 91. Een crematie op Bali bijwonen
- ✔ 92. Diepzeeduiken
- 93. Meespelen in een Tarzanfilm (eigenlijk een jongensdroom)
- 94. Een eigen paard bezitten
- 95. Radiozendamateur worden
- ✔ 96. Zelf een telescoop bouwen
- ✔ 97. Een boek schrijven
- ✔ 98. Journalist worden
- ✔ 99. Hoogspringen
- ✔ 100. Verspringen
- ✔ 101. Hardlopen
- ✔ 102. Tachtig kilo wegen (lukt nog steeds)
- ✔ 103. Joggen
- ✔ 104. Frans, Spaans en Arabisch leren
- 105. Hagedissen bestuderen
- ✔ 106. Graf van opa Sorensen bezoeken in Denemarken
- ✔ 107. Graf van opa Goddard bezoeken in Engeland
- ✔ 108. Aanmonsteren als zeeman op de grote vaart

109. De hele Encyclopedia Brittannica lezen (een eind op streek)
✓ 110. De hele bijbel lezen
✓ 111. Lezen: Shakespeare, Plato, Aristoteles, Dickens, Poe, Rousseau, Bacon, Hemingway, Twain, Burroughs, Conrad, Tolstoi, Longfellow, Keats, Emerson (maar niet alles van allen)
✓ 112. Naar muziek leren luisteren van Bach, Mozart, Beethoven, Brahms, Debussy, Mendelssohn, Rachmaninoff, Stravinsky, Tsjaikovski, Verdi
✓ 113. Leren motorrijden, vliegen, surfen, schieten, kanoën, voetballen, basketballen
✓ 114. Zelf muziek componeren
✓ 115. Pianospelen
✓ 116. Op vuur leren lopen
✓ 117. Een giftige slang leren melken
✓ 118. Boogschieten
✓ 119. Een fimstudio bezoeken
✓ 120. Een piramide beklimmen
✓ 121. Een tocht door het oerwoud maken
✓ 122. Polo leren spelen
✓ 123. De Grand Canyon te voet doortrekken
✓ 124. Rond de wereld varen (vier keer gedaan)
125. Een reis naar de maan maken (misschien ooit eens)
✓ 126. Trouwen en kinderen krijgen
127. De 21ste eeuw nog meemaken (dan is hij 75)

John Goddard

De discjockey

Je kunt beter wel voorbereid zijn op een kans die zich niet voordoet dan niet voorbereid zijn op eentje die zich wel voordoet.

Whitney Young jr

Les Brown en zijn tweelingbroertje werden kort na hun geboorte in een arme wijk in Miami geadopteerd door Mamie Brown, die als keukenhulp en serveerster de kost verdiende.
Omdat hij hyperactief was en voortdurend maar zat te babbelen, kreeg Les zijn hele schooltijd lang speciaal onderwijs voor moeilijk lerende kinderen. Nadat hij van school was gekomen, trad hij in dienst bij de gemeentereiniging van Miami Beach. Maar hij koesterde in stilte de droom discjockey te worden.
's Avonds nam hij zijn transistoradiootje mee naar bed en luisterde hij naar de lokale discjockeys, met hun snelle babbels. Op zijn kamertje met het gescheurde linoleum op de grond fantaseerde hij een radiostudio. Een haarborstel fungeerde als microfoon en daarin sprak hij zijn teksten voor zijn denkbeeldige publiek uit. Zijn moeder en zijn broer konden hem door de dunne muren heen horen praten en dan riepen ze dat hij zijn kop moest houden en moest gaan slapen. Maar Les luisterde niet naar hen. Hij zat in zijn eigen wereldje en beleefde daar zijn droom.
Op een dag raapte Les alle moed bij elkaar en liep hij in zijn middagpauze een plaatselijk radiostation binnen. Hij wist daar tot de directeur door te dringen en tegen hem zei hij dat hij discjockey wilde worden.
De directeur bekeek de haveloze jongeman in zijn overall en met zijn strooien hoedje op en vroeg: 'Heb je ervaring met radiowerk?'

Les antwoordde: 'Nou, nee meneer.'
'Nou, jongen, dan ben ik bang dat we geen werk voor je hebben.'
Les bedankte de man beleefd en ging weg. De directeur dacht dat hij de knaap wel nooit meer terug zou zien, maar hij had de vasthoudendheid van de jongen onderschat. Het zat namelijk zo, dat Les een hoger doel nastreefde dan alleen maar discjockey worden. Hij wilde een mooier huis kopen voor zijn pleegmoeder, van wie hij zielsveel hield. De baan als discjockey was maar een stap op weg naar dit doel.
Mamie Brown had Les geleerd zijn dromen serieus te nemen, dus hij had het gevoel dat hij de baan als discjockey op het radiostation toch wel zou krijgen, ook al had de directeur gezegd van niet.
Daarom ging Les een week lang elke dag bij het station langs om te vragen of er nog werk was. Uiteindelijk gaf de directeur toe en nam hem aan als loopjongen, zonder salaris. In het begin haalde hij broodjes en deed hij boodschappen voor de discjockeys die hun werkplek niet konden verlaten. Na verloop van tijd won hij door zijn enthousiasme voor het werk het vertrouwen van de discjockeys, die hem dan hun Cadillacs meegaven om beroemdheden als Diana Ross en The Supremes of The Temptations te gaan ophalen. Natuurlijk wisten ze niet dat Les niet eens een rijbewijs had.
Les deed alles wat ze van hem vroegen, en zelfs meer dan dat. Terwijl hij met de d.j.'s praatte, leerde hij zichzelf door van hen af te kijken hoe je het controlepaneel moest bedienen. Als hij in de controlekamer was probeerde hij zoveel mogelijk te onthouden, totdat ze hem uiteindelijk wegstuurden. 's Avonds zat hij dan thuis op zijn kamertje te oefenen en zich voor te bereiden op de kans die zich volgens hem zeker zou voordoen.
Op een zaterdagmiddag toen Les in de studio was, merkte hij dat Rock, de enige aanwezige d.j., dronken aan het worden was terwijl hij in de uitzending was. Les was de enige die verder nog in het gebouw aanwezig was en hij realiseerde zich dat Rock in de problemen zou raken. Les bleef goed opletten. Hij liep heen en weer voor het raam van Rocks studio en mompelde zachtjes voor zich uit: 'Drink maar lekker door, Rock.'
Les had er zin in en hij was er klaar voor. Als Rock het hem gevraagd zou hebben, zou hij de straat opgerend zijn om meer

drank voor hem te gaan halen. Toen de telefoon ging, was Les er als de kippen bij om hem op te nemen. Het was de directeur, zoals Les al verwacht had.
'Les, je spreekt met Klein.'
'Ja, meneer,' zei Les. 'Dat hoor ik.'
'Les, ik geloof niet dat Rock door moet gaan met dit programma.'
'Nee, meneer, ik weet het.'
'Wil jij een van de andere d.j.'s bellen om het van hem over te nemen?'
'Ja, meneer. Dat zal ik doen.'
Maar toen Les de hoorn had neergelegd, zei hij tegen zichzelf: 'Hij denkt zeker dat ik gek ben.'
Les draaide wel een paar nummers, maar dat waren niet die van andere d.j.'s. Hij belde eerst zijn moeder en toen zijn vriendin. 'Jullie moeten de radio harder zetten, want straks ben ik in de uitzending!' zei hij.
Hij wachtte ongeveer vijftien minuten en belde toen de directeur terug. 'Meneer Klein, ik kan niemand vinden,' zei Les.
Klein antwoordde toen: 'Luister, jongeman. Weet jij hoe je de apparatuur in de studio moet bedienen?'
'Ja, meneer,' antwoordde Les.
Les rende de studio in, werkte Rock voorzichtig opzij en ging aan de draaitafel zitten. Hij was er klaar voor. Hij zette de microfoon open en zei: 'Pas op, daar komt-ie dan! LB de grote! Les Brown, je eigenste platenbaasje op het appel. De eerste en de enige, volkomen naturel. Jong en vrijgezel, nou dan weet je het wel. Gediplomeerd, gecharmeerd, energiek, met lekkere muziek. Pas op jongens, daar komt-ie...!'
Doordat hij er klaar voor was en een goede presentatie had, wist hij het publiek en de directeur te overtuigen van zijn kwaliteit. Vanaf dat moment ging het bergopwaarts met hem. Les maakte een mooie carrière bij radio en televisie en later nog in de politiek.

Jack Canfield

Ergens een offer voor willen brengen

Toen mijn vrouw en ik dertien jaar geleden onze kapsalon in het winkelcentrum Greenspoint begonnen, kwam er elke dag een Vietnamees de zaak in lopen om ons donuts te verkopen. Hij sprak nauwelijks Engels maar hij was wel altijd uiterst vriendelijk en door middel van gebarentaal en veel glimlachen raakten we toch enigszins vertrouwd aan elkaar. Hij heette Le Van Vu.
Overdag werkte Le Van Vu in een bakkerij en 's avonds probeerde hij samen met zijn vrouw Engels te leren door naar cassettebandjes te luisteren. Later hoorde ik dat ze op de grond achter de bakkerij op zakken zaagsel sliepen.
In Vietnam was de familie Van Vu een van de meest welgestelde van Zuidoost-Azië geweest. Ongeveer een derde van Noord-Vietnam was hun eigendom geweest en daarnaast bezaten ze reusachtige industriële ondernemingen. Maar nadat zijn vader op beestachtige wijze was vermoord, verhuisde Le samen met zijn moeder naar Zuid-Vietnam, waar hij naar school ging en uiteindelijk advocaat werd.
Het ging Le voor de wind, net als vroeger zijn vader. Hij zag een gat in de markt en begon een bouwbedrijf om te bouwen voor de in groten getale toestromende Amerikanen in Zuid-Vietnam. Het duurde niet lang voordat hij een van de meest succesvolle bouwers in het land was.
Tijdens een reis naar het noorden werd Le echter door de Noordvietnamezen gevangengenomen en voor een periode van drie jaar opgesloten. Hij wist naar Zuid-Vietnam te ontsnappen door vijf soldaten te doden, waar hij echter weer gearresteerd werd. De zuiderlingen dachten dat hij een agent was van het Noorden. Nadat hij een tijd in de gevangenis had doorgebracht, kwam Le weer vrij en begon hij een visserijbedrijf. Na een tijdje had het bedrijf de grootste omzet in ingeblikte vis in het land.

Toen Le hoorde dat de Amerikaanse troepen en het ambassadepersoneel uit het land zouden worden teruggetrokken, nam hij een beslissing die zijn leven radicaal zou veranderen.
Hij nam al het goud dat hij had verzameld mee aan boord van een van zijn vissersschepen en voer met zijn vrouw naar een van de Amerikaanse schepen in de haven. Daar stond hij zijn rijkdom af in ruil voor een vrijgeleide naar de Filippijnen, waar hij en zijn vrouw in een vluchtelingenkamp werden opgenomen.
Door in contact te treden met de president van de Filippijnen en hem ervan te overtuigen een van zijn schepen uit te rusten als vissersschip had Le weer een inkomstenbron aan weten te boren. En toen Le twee jaar later de Filippijnen verliet om naar Amerika te gaan (zijn grootste droom), had hij de gehele bedrijfstak visserij in de Filippijnen in een stroomversnelling weten te brengen.
Op weg naar Amerika was Le echter somber gestemd geraakt omdat hij weer helemaal met lege handen zou moeten beginnen. Zijn vrouw heeft wel eens verteld dat ze hem een keer op het achterdek had aangetroffen, klaar om overboord te springen.
'Le,' had ze tegen hem gezegd, 'als je springt, wat moet er dan van mij worden? We zijn zo lang bij elkaar geweest en we hebben samen zoveel meegemaakt. Dit lossen we samen ook wel op.'
Meer had ze niet hoeven zeggen.
Toen hij en zijn vrouw in 1972 in Houston aankwamen, hadden ze geen cent en bovendien spraken ze geen Engels. Maar in Vietnam zorgt je familie altijd voor je, en zodoende kwamen Le en zijn vrouw terecht in de achterkamer van de bakkerij van zijn neef in winkelcentrum Greenspoint, enkele honderden meters van onze kapsalon.
En dan volgt hier wat ze de 'boodschap' van het verhaal noemen: Le's neef bood hem en zijn vrouw werk aan in de bakkerij. Le zou per week 175 dollar schoon verdienen en zijn vrouw 125 dollar. Hun totale jaarlijkse inkomen zou dan dus 15.600 dollar bedragen. Bovendien had de neef bepaald dat ze de bakkerij zouden kunnen kopen zodra ze 30.000 dollar zouden kunnen aanbetalen, waarna ze hem dan nog 90.000 dollar schuldig zouden zijn.
Le en zijn vrouw pakten de zaken als volgt aan:
Zelfs nu ze een wekelijks inkomen van 300 dollar hadden, besloten ze toch om achter de bakkerij te blijven wonen. Ze wasten zich twee jaar lang in de toiletruimten van het winkelcentrum, en

twee jaar lang aten ze praktisch niets anders dan brood uit de bakkerij. Zo leefden ze twee jaar lang op een totaalbedrag van 600 dollar, waardoor ze na afloop van die twee jaar 30.000 dollar op tafel konden leggen.
Le verklaarde later hoe hij het zich allemaal gedacht had. 'Als we een appartement gehuurd hadden, wat best wel had gekund met onze 300 dollar per week, dan hadden we huur moeten betalen. Maar dan hadden we natuurlijk ook meubels moeten kopen en hadden we vervoer van en naar het werk moeten hebben, dus ook een auto moeten aanschaffen. Voor die auto hadden we dan brandstof en zo moeten kopen en dan hadden we daar waarschijnlijk ook tochtjes mee willen gaan maken. Ik wist dus dat als we een appartement zouden huren, we nooit die 30.000 dollar bij elkaar zouden hebben gekregen.'
Als je nu denkt dat je het hele verhaal hebt gehoord, dan moet ik opmerken dat het nog niet afgelopen is. Nadat hij en zijn vrouw namelijk die 30.000 dollar hadden gespaard en de bakkerij gekocht hadden, zijn ze weer om de tafel gaan zitten om de zaken eens op een rijtje te zetten. Ze waren zijn neef nog 90.000 dollar schuldig, had hij gezegd, en hoe moeilijk de afgelopen twee jaren ook geweest waren, ze moesten nog een jaar achter de winkel blijven wonen.
Ik ben er trots op te kunnen meedelen dat mijn vriend en mentor Le Van Vu en zijn vrouw, door praktisch elke stuiver die ze aan de bakkerij verdienden te sparen, na een jaar uit de schulden waren en dat ze drie jaar later een uiterst winstgevend bedrijf hadden. Toen pas zijn de Van Vu's een eigen appartement gaan zoeken. Tot op de dag van vandaag leven ze uiterst zuinig en sparen ze veel. En uiteraard kopen ze nooit iets op krediet.
Wat denk je, zou Le Van Vu nu miljonair zijn? Ik ben blij dat ik kan zeggen: ja, multimiljonair.

John McCormack

Iedereen heeft een droom

Een paar jaar geleden heb ik eens in een van de zuidelijke staten een opdracht van een sociale dienst aangenomen om een groep uitkeringstrekkers te begeleiden. Wat ik wilde, was laten zien dat iedereen in principe voor zichzelf kan zorgen, maar dat we de mensen alleen moeten activeren. Ik vroeg de dienst een groep samen te stellen van uitkeringsgerechtigden van verschillende huidkleur en met uiteenlopende gezinsomstandigheden. Ik besloot ze elke vrijdag als groep bij elkaar te laten komen en vroeg aan de dienst of ik over een bedragje mocht beschikken voor kleine uitgaven.
Het eerste dat ik zei nadat ik iedereen de hand had geschud, was: 'Ik zou graag van u willen horen wat uw dromen zijn.' De mensen keken elkaar aan alsof ik gestoord was.
'Dromen? Wij hebben geen dromen.'
Ik zei: 'Ook niet toen u nog een kind was? Wat is er gebeurd dan? Wilde u toen niet iets doen?'
Een vrouw zei tegen me: 'Aan dromen heb je toch niets. De ratten knabbelen aan mijn kinderen.'
'O,' zei ik, 'wat vreselijk. Nee, ik kan me voorstellen dat u steeds met uw gedachten bij uw kinderen en die ratten bent. Wat zou daaraan te doen zijn?'
'Nou, ik zou wel een nieuwe hordeur kunnen gebruiken, want in de oude zitten allemaal gaten.
Ik vroeg: 'Is er ook iemand die weet hoe je een hordeur maakt?' In de groep zat een man die zei: 'Lang geleden kon ik dat wel, ja. Tegenwoordig heb ik een slechte rug, maar ik zal zien wat ik kan doen.'
Ik zei tegen hem dat ik een klein beetje geld had en dat hij naar de ijzerwinkel kon gaan om gaas te kopen en de deur van de vrouw te repareren. 'Denkt u dat het u zal lukken?'

'Ja, ik zal het proberen.'
De week daarop vroeg ik de vrouw tijdens de bijeenkomst: 'En, is uw hordeur gemaakt?'
'Ja, hoor,' zei ze.
'Dan kunt u nu gaan dromen, hè?' Ze glimlachte een beetje naar me.
Toen vroeg ik aan de man die de klus gedaan had: 'En hoe voelt u zich?'
Hij zei: 'Weet u, het is raar, maar ik voel me een stuk beter.'
Dat was een steuntje in de rug voor de groep. Nu konden de mensen gaan dromen. Door deze ogenschijnlijk kleine succesjes zagen ze in dat het niet gek is om te dromen. Door op deze manier kleine stapjes te doen zagen en voelden de mensen dat er echt iets kon veranderen.
Ik vroeg ook anderen naar hun dromen. Een vrouw zei dat ze altijd graag secretaresse had willen worden. Ik vroeg: 'Oké. Wat houdt u tegen?' (Dat is altijd mijn volgende vraag.)
Ze zei: 'Ik heb zes kinderen en er is niemand die op hen kan passen als ik weg ben.'
'Laten we eens kijken,' zei ik. 'Is er iemand die een dag of twee per week op zes kinderen kan passen zodat deze mevrouw een parttime secretaresseopleiding kan gaan volgen?'
Een vrouw zei: 'Ik heb zelf ook kinderen, maar ik kan ze er wel bij hebben.'
'Afgesproken dan,' zei ik. Er werd een plan opgesteld en de vrouw die secretaresse wilde worden, ging de opleiding volgen. Zo vond iedereen iets. De man die de hordeur had gerepareerd, werd klusjesman. De vrouw die op de kinderen ging passen, werd uiteindelijk een gediplomeerd leidster van een kindercrèche. Binnen twaalf weken waren al deze mensen uit de bijstand. En dat heb ik niet één keer gedaan, maar vele keren.

Virginia Satir

Doe wat je hart je ingeeft

Ik heb een vriend die Monty Roberts heet en die een ranch met paarden heeft in San Ysidro. Zijn huis heb ik af en toe mogen gebruiken om bijeenkomsten te organiseren om geld bij elkaar te krijgen voor kinderen die steun nodig hebben.
De laatste keer dat ik er was stelde hij me voor met de woorden: 'Ik wil u even vertellen waarom ik Jack toestemming geef om gebruik te maken van mijn huis. Dat heeft te maken met een verhaal over een jongeman die de zoon was van een rondreizende paardentrainer, die van stal naar stal trok, van renbaan naar renbaan en van boerderij naar boerderij om paarden te dresseren. Als gevolg daarvan was de schoolopleiding van de jongen steeds onderbroken. Toen hij in zijn eindexamenjaar zat, moest hij een opstel schrijven over wat hij wilde worden.
Die avond schreef hij een stuk van zeven pagina's over zijn droom ooit eens een ranch met paarden te hebben. Hij beschreef die droom in alle details en maakte er zelfs een plattegrond bij van een ranch van veertig hectare, waarop te zien was waar alle gebouwen lagen. En daarbij tekende hij nog een uitgewerkte plattegrond van een huis van vierhonderd vierkante meter op die ranch van veertig hectare.
Hij had er echt zijn best op gedaan en de volgende dag leverde hij het in bij zijn leraar. Twee dagen later kreeg hij het terug met een dikke onvoldoende en de opmerking: "Na de les bij me komen."
De jongen met de droom ging na de les naar zijn leraar toe en vroeg: "Waarom heb ik een onvoldoende gekregen?"
De leraar zei: "Wat je beschrijft is geen realistische droom voor zo'n jonge knaap als jij. Je vader reist rond. Je hebt geen geld. Om zo'n ranch te krijgen heb je veel geld nodig. Je moet land kopen. Je moet de paarden kopen en je moet ze kunnen verzorgen. Dat lukt jou nooit. Dus als je nu een wat realistischer opstel schrijft, kun je misschien een hoger cijfer krijgen."

De jongen ging naar huis en dacht lang na over het gebeurde. Hij vroeg zijn vader wat hij moest doen. Zijn vader zei: "Luister eens, jongen. Dit moet je voor jezelf beslissen. Maar ik denk wel dat dit heel belangrijk is voor je."
Nadat hij er een week over had lopen nadenken, leverde de jongen uiteindelijk toch zijn oude opstel in, zonder veranderingen. Hij zei erbij: "Laat u die onvoldoende maar staan, dan houd ik mijn droom." '
Toen draaide Monty zich naar de groep en zei: 'Ik vertel u dit verhaal omdat u hier in mijn huis van vierhonderd vierkante meter zit, op mijn ranch van veertig hectare. Dat opstel heb ik nog steeds; het hangt daar ingelijst naast de open haard. En het mooiste van het verhaal is dat diezelfde leraar hier vorige zomer met dertig kinderen een week gekampeerd heeft. Toen hij vertrok, zei hij tegen me: "Luister eens, Monty. Ik was vroeger nogal een nare man als het op de dromen van kinderen aankwam. Ik ben blij dat jij je daar niets van aan hebt getrokken en dat je je droom toch hebt waargemaakt." '
Laat niemand je je dromen afnemen. Doe wat je hart je ingeeft, hoe dan ook.

Jack Canfield

De sigarendoos

Toen ik in mijn laatste jaar op de universiteit in de kerstvakantie naar huis ging, dacht ik gezellig twee weken met mijn twee broers door te zullen brengen. We vonden het zo leuk om bij elkaar te zijn dat we tegen onze ouders zeiden dat wij wel op de winkel zouden passen, zodat zij voor het eerst sinds jaren een vrije dag konden nemen. De dag voordat mijn ouders naar Boston vertrokken nam mijn vader me zonder dat de anderen het merkten apart in het kleine kamertje achter de winkel. Het kamertje was zo klein dat er alleen een piano en een opklapbed in konden staan. Als je het bed uitklapte, was de kamer helemaal vol en kon je erop gaan zitten en piano gaan spelen. Vader pakte van achter de oude piano een sigarendoos, opende hem en liet me een stapeltje kranteknipsels zien. Ik had heel wat detectives gelezen en keek in gespannen verwachting naar de geheimzinnige inhoud van de doos.
'Wat is dat?' vroeg ik.
Vader antwoordde met een ernstig gezicht: 'Dat zijn artikelen die ik geschreven heb en ook nog een paar ingezonden brieven die geplaatst zijn.'
Toen ik begon te lezen zag ik onder aan elk artikel de naam Walter Chapman staan. 'Waarom heb je me niet verteld dat je dat gedaan had?' vroeg ik.
'Omdat ik niet wilde dat je moeder het wist. Ze heeft altijd tegen me gezegd dat ik, omdat ik maar weinig opleiding heb gehad, maar niet moest proberen te gaan schrijven. Ik wilde in de politiek, maar ze zei dat ik dat beter niet kon doen. Ik denk dat ze bang was dat ze zich zou schamen als ik de verkiezingen zou verliezen. Maar ik wilde eigenlijk gewoon voor de lol meedoen. Toen heb ik bedacht dat ik best kon gaan schrijven zonder dat zij het wist, dus dat heb ik toen gedaan. Telkens als er een artikel

geplaatst werd, heb ik het uitgeknipt en in dit doosje gedaan. Ik wist natuurlijk wel dat ik het op een goeie dag aan iemand zou willen laten zien, en nu blijk jij de gelukkige te zijn.'
Hij keek naar me toen ik me over de artikelen boog. Zijn grote, blauwe ogen waren een beetje vochtig. 'Volgens mij ben ik laatst een beetje al te overmoedig geweest,' zei hij.
'Heb je dan nog iets geschreven?'
'Ja, ik heb iets ingestuurd aan ons kerkblad over een eerlijker verdeling van de zetels in het verkiezingscomité. Het is al drie maanden geleden dat ik het instuurde, maar het zal wel te hoog gegrepen zijn geweest.'
Dit was zo'n onverwachte kant van mijn humoristische vader dat ik niet goed wist wat ik moest zeggen. 'Misschien komt het nog,' zei ik maar.
'Misschien wel, ja, maar ik reken er maar niet meer op.' Vader glimlachte even naar me, knipoogde, deed de doos dicht en borg hem weer op achter de piano.
De volgende ochtend gingen onze ouders per bus naar het station waar ze de trein zouden nemen naar Boston. Jim, Ron en ik pasten op de winkel en ik dacht nog een tijdje na over het doosje. Ik had nooit van mijn vader geweten dat hij graag schreef. Ik vertelde het niet aan mijn broers; het was een geheim tussen mijn vader en mij. Het geheim van de verborgen sigarendoos.
Vroeg in de avond keek ik uit het raam en zag toen mijn moeder uit de bus stappen, in haar eentje. Ze liep het plein over en kwam de winkel binnen.
'Waar is papa?' vroegen we in koor.
'Jullie vader is dood,' zei ze zonder een traan te laten.

Ongelovig liepen we achter haar aan de keuken in, waar ze ons vertelde dat ze in het metrostation van Park Street liepen en dat vader toen ineens op de grond was gevallen. Een verpleegster had naar hem gekeken en had toen tegen mijn moeder gezegd: 'Hij is dood.'
Moeder had met stomheid geslagen naar hem staan kijken. Ze had niet geweten wat ze moest zeggen, terwijl de mensen bijna over hem heen struikelden. Een priester had aangekondigd dat hij de politie zou roepen en was toen verdwenen. Moeder had ongeveer een uur lang bij het lichaam van vader gestaan toen er

eindelijk een ambulance was verschenen die hen beiden naar het lijkenhuis had gebracht, waar moeder zijn zakken had doorzocht en hem zijn horloge had afgedaan. Ze was alleen met de trein teruggereden en had alleen de bus naar huis genomen. Moeder vertelde ons dit schokkende verhaal zonder ook maar een traan te laten. Het verbergen van haar emoties was altijd een kwestie van discipline en trots voor haar geweest. Wij huilden ook niet en hielpen om beurten de klanten in de winkel.
Een vaste klant van ons vroeg: 'Is de ouwe er niet vanavond?'
'Hij is dood,' zei ik.
'Ach, wat jammer,' zei hij, en ging weg.
Ik heb nooit aan hem gedacht als aan 'de ouwe' en ik was kwaad dat hij het zo gesteld had, maar mijn vader was zeventig geweest, terwijl moeder nog maar vijftig was. Hij was altijd gezond en vrolijk geweest en had altijd om mijn moeder gegeven, en nu was hij weg. Geen gefluit meer, geen gezang meer van psalmen terwijl hij de voorraden in de winkel aanvulde. De 'ouwe' was weg.
Op de ochtend van de begrafenis zat ik aan de tafel in de winkel de condoléances te lezen en in te plakken in een plakboek toen ik in de stapel post het kerkblad zag liggen. In andere omstandigheden zou ik het niet geopend hebben omdat ik vond dat het een saai blad was, maar ik dacht dat zijn artikel er misschien in zou staan. En dat bleek inderdaad het geval.
Ik liep met het blad naar het kleine kamertje, sloot de deur en barstte in tranen uit. Ik had me groot gehouden, maar toen ik papa's moedige aanbevelingen voor de nationale conventie las, was dat meer dan ik kon verdragen. Ik huilde en las en herlas het artikel. Ik haalde de sigarendoos van achter de piano te voorschijn en onder de kranteknipsels vond ik een brief van twee kantjes van Richard Nixon waarin hij mijn vader bedankte voor zijn suggesties voor zijn verkiezingscampagne.
Ik heb niemand iets verteld over de sigarendoos. Het is een geheim gebleven.

Florence Littauer

Bemoediging

In sommige gevallen zijn de grootste succesverhalen uit de geschiedenis het gevolg geweest van een bemoedigend woord of een blijk van vertrouwen van een geliefde of een goede vriend. Als hij Sophia, zijn vrouw die blind op hem vertrouwde, niet had gehad, zou Nathaniel Hawthorne misschien nooit zijn plaats onder de groten van de literatuur hebben gekregen. Toen Nathaniel in zak en as thuiskwam en zijn vrouw vertelde dat hij een mislukkeling was omdat hij was ontslagen op het douanekantoor waar hij werkte, verraste zij hem door blij uit te roepen: 'Geweldig! Nu kun je tenminste aan je boek beginnen!'
'Ja,' zei de vertwijfelde man, 'maar waar moeten we dan in de tussentijd van leven?'
Tot zijn verbazing trok zijn vrouw een la open en haalde daaruit een aanzienlijk stapeltje bankbiljetten.
'Hoe kom je daar in godsnaam aan?' riep hij uit.
'Ik heb altijd geweten dat je een geniaal man bent,' zei ze tegen hem. 'Ik wist dat je op een goede dag een meesterwerk zou gaan schrijven. Dus heb ik elke week iets achtergehouden van het huishoudgeld dat jij me gaf en dat opgespaard. Hier hebben we genoeg om een heel jaar van te leven.'
Doordat zij vertrouwen in hem had, is een van de grootste romans uit de Amerikaanse literatuur ontstaan, *De scharlaken letter*.

Nido Qubein

Walt Jones

De grote vraag is of je van harte zult kunnen instemmen met het avontuur dat jouw leven is.

Joseph Campbell

Het feit dat succes een reis is en geen bestemming, wordt door niemand beter belichaamd dan door de 'groeiers' die zich in hun activiteiten niets aantrekken van hun leeftijd. Florence Brooks ging bij het Peace Corps toen ze vierenzestig was. Gladys Clappison woonde op de campus van de Universiteit van Iowa toen ze op haar tweeëntachtigste nog aan haar proefschrift in de historische wetenschappen werkte. En dan had je nog Ed Sitt, die op zijn zevenentachtigste nog doctoraal deed in New Jersey. Ed zei dat hij daardoor gevrijwaard bleef van 'ouden-van-dagen-ziektes' en dat zijn hersens helder bleven.
Waarschijnlijk heeft niemand me ooit zo aangesproken als Walt Jones uit Tacoma, Washington. Walt overleefde zijn derde vrouw, met wie hij tweeënvijftig jaar getrouwd was geweest. Toen ze dood was zei iemand tegen hem dat het toch wel droevig was als je iemand verloor met wie je zo lang had samengeleefd. Zijn reactie was: 'Ach ja, het is natuurlijk wel droevig. Maar misschien was het toch maar beter zo.'
'Waarom dat?'
'Ik wil niet negatief overkomen of iets ten nadele van haar zeggen. Ze had een prachtig karakter, maar de laatste tien jaar liet ze de moed toch een beetje zakken.'
Toen hem gevraagd werd dat uit te leggen, zei hij: 'Ze wilde gewoon niks meer, alleen maar zo'n beetje vegeteren. Tien jaar geleden, toen ik vierennegentig was, zei ik tegen mijn vrouw dat we

nooit meer hadden gezien dan het op zich wel mooie noordwesten van ons land. Ze vroeg me waar ik aan dacht en toen heb ik haar gezegd dat ik erover dacht om een camper te kopen, zodat we misschien alle drieënveertig staten op het vasteland zouden kunnen bezoeken. Ik vroeg haar wat ze daarvan vond.
Ze zei: "Je lijkt wel gek, Walt."
"Waarom zeg je dat nou?" vroeg ik.
"Dan worden we in elkaar geslagen. Dan gaan we dood en krijgen we geen mooie begrafenis." En toen vroeg ze me: "Wie gaat er dan rijden, Walter?" Waarop ik zei: "Ik natuurlijk, mijn hartje."
"Je vermoordt ons allebei!" zei ze.
Ik wilde nog wat voetstappen achterlaten voordat ik er niet meer zal zijn, maar je kunt geen voetstappen achterlaten als je op je krent blijft zitten...'
'Maar nu is ze weg, Walt. Wat ben je nu van plan?'
'Van plan? Nou, ik heb het oude mens begraven en toch een camper gekocht. Het is nu 1976 en ik wil binnen twee jaar alle achtenveertig staten bezocht hebben.'
Walt haalde er drieënveertig. Toen hem gevraagd werd of hij ooit lifters meenam, zei hij: 'Absoluut niet. Er zijn er te veel die je in elkaar willen slaan voor een paar dubbeltjes, of die je voor de rechter slepen vanwege een whiplash als je een ongeluk krijgt.'
Walt had zijn nieuwe kampeerwagen nog geen paar maanden of hij werd al gesignaleerd met een nogal aantrekkelijke vrouw van tweeënzestig naast zich.
'Hoe zit dat, Walt?' werd hem gevraagd.
'Ja,' zei hij.
'Die vrouw die naast je zat? Wie is die nieuwe vriendin van je?'
'Ja, dat klopt.'
'Hoe bedoel je?'
'Nou, ze is inderdaad mijn nieuwe vriendin.'
'Nieuwe vriendin? Maar Walt, je bent honderd vier en je bent drie keer getrouwd geweest. Die vrouw moet toch zeker veertig jaar jonger zijn dan jij?'
'Ach,' zei hij, 'ik had al snel in de gaten dat je als man niet alleen in een camper kunt leven.'
'Ja, daar kan ik inkomen, Walt. Je zult de aanspraak wel missen als je zo lang met iemand samen bent geweest als jij.'

Zonder aarzelen zei Walt: 'Nou, er is nog wel meer dat ik mis.'
'Dat ook? Bedoel je dat je...?'
'Zou kunnen.'
'Walt...'
'Nou zeg!'
'Maar er komt toch een tijd in je leven dat je daarmee ophoudt?'
'Met seks?'
'Ja.'
'Waarom?'
'Nou, omdat zo'n inspanning gevaarlijk zou kunnen zijn voor je gezondheid.'
Walt dacht hier even over na en zei toen: 'Nou ja, als ze er niet tegen kan...'
Toen hij honderd tien werd, vierde hij zijn verjaardag in het televisieprogramma van Johnny Carson. Zoals hij fier kwam aanlopen met zijn witte baard en zijn zwarte hoed leek hij een beetje op wijlen kolonel Sanders. Johnny Carson zei: 'Fijn dat je er bent, Walt.'
'Fijn dat ik er ben, dat vind ik altijd en overal met mijn honderd tien jaar, Johnny.'
'Honderd tien?'
'Honderd tien.'
'Eén-één-nul?'
'Wat nou, Johnny? Schrik je daarvan? Dat zei ik toch. Zo bijzonder is dat toch niet?'
'Nou, het bijzondere is dat je bijna twee keer zo oud bent als ik.'
'Maar hoe zou je het dan vinden als je niet wist wanneer je geboren was en er niet van die stomme kalenders waren waar je elk jaar weer een dip van krijgt? Je weet toch wel dat de mensen altijd depressief worden door de datum van hun verjaardag? O, hemeltje, ik ben dertig geworden; ik voel me zo depressief. O, nee, nu ben ik veertig, vreselijk. Iedereen op mijn werk was in het zwart en ze hebben een lijkwagen gestuurd om me op te halen. O jeetje, ik ben vijftig geworden. Een halve eeuw. Ze sturen me dode rozen met spinnewebben erop. Johnny, er is toch niemand die zegt dat je de pijp uit moet als je vijfenzestig wordt? Ik ken mensen die op hun vijfenzeventigste welvarender zijn dan ooit. En dankzij een slimme investering in onroerend goed heb ik sinds mijn honderdvijfde jaar meer poen dan daarvoor. Mag ik je mijn definitie van een depressie geven, Johnny?'

'Nou, zeg het maar.'
'Je verjaardag overslaan.'
Ik hoop dat het verhaal van Walt Jones ieder van ons mag inspireren om elke dag van ons leven te blijven groeien.

Bob Moawad

Kun je wel tegen kritiek?

Degene die kritiek heeft is van geen belang. Het betekent niets als iemand zegt dat de grote man een misstap begaat of dat degene die iets onderneemt beter dit of dat had kunnen doen. Alle eer gaat naar de man die feitelijk in de arena staat, wiens gezicht onder het stof, zweet en bloed zit, die waardig strijdt, die vergissingen begaat en keer op keer te kort schiet omdat het eenvoudigweg onmogelijk is iets te ondernemen zonder vergissingen te begaan of te kort te schieten, die weet wat toewijding is en die zichzelf opoffert voor een waardevolle zaak, die uiteindelijk op z'n best de zoete triomf zal smaken en op z'n slechtst, als hij faalt terwijl hij alles heeft gegeven, weet dat zijn plaats tenminste niet zal zijn bij die bange en koude wezens die triomf noch verlies kennen.

Theodore Roosevelt

Risico's nemen

Twee zaadjes liggen naast elkaar op een vruchtbaar stukje grond.

Zegt het ene zaadje tegen het andere: 'Ik wil groeien! Ik wil mijn wortels diep in de grond voelen en door de aardkorst heen naar boven uitbreken... Ik wil mijn tere knoppen uitvouwen om de komst van de lente aan te kondigen... Ik wil de warmte van de zon op mijn gezicht voelen en de zegeningen van de morgendauw op mijn blaadjes!'

Het zaadje groeide.

Het tweede zaadje zei: 'Ik ben bang. Als ik mijn wortels naar beneden uit laat groeien, weet ik niet wat ik daar in het donker tegen zal komen. Als ik door de aardkorst heen breek, beschadig ik misschien mijn tere knoppen... En stel je voor dat ik mijn blaadjes uitrol en ze worden opgegeten door een slak. En als ik mijn bloesems open, komt er misschien een klein kind dat ze afplukt. Nee, ik kan maar beter wachten tot de kust veilig is.'

Het zaadje wachtte.

Toen kwam er een scharrelkip de hoek om, op zoek naar voedsel. Hij vond het wachtende zaadje en peuzelde het op.

De moraal van het verhaal:
Wie weigert risico's te nemen en te groeien, wordt opgeslokt door het leven.

Patty Hansen

Service met een glimlach

Er was eens een man die een brief schreef naar het kleine hotel waar hij zijn vakantie wilde gaan doorbrengen. Hij schreef:

> Ik zou graag mijn hond mee willen nemen. Het is een brave hond die niet blaft en zich goed gedraagt. Zou u er toestemming voor geven als ik hem 's nachts bij mij op de kamer zou willen laten slapen?

Per omgaande kreeg de man het volgende antwoord van de hotelier:

> Ik heb dit hotel al vele jaren. In al die tijd is er hier geen hond geweest die handdoeken heeft gestolen, evenmin als beddegoed, zilverwerk of schilderijtjes.
> Nooit heb ik een hond midden in de nacht de deur uit moeten zetten wegens dronkenschap of agressief gedrag. En ook is er nooit een hond weggegaan zonder zijn rekening te betalen.
> Dus uw hond is zeker van harte welkom in mijn hotel. En als uw hond voor u kan instaan, bent u hier zelf ook van harte welkom.

Karl Albrecht en Ron Zenke
Service America

6

HINDERNISSEN OVERWINNEN

*Hindernissen zijn die
afschuwelijke dingen
die je ziet als je
je doel uit het oog verliest.*

Henry Ford

Hindernissen

Wij die in de concentratiekampen hebben gezeten, kunnen ons de mensen herinneren die anderen getroost hebben, die hun laatste stuk brood weggegeven hebben. Het waren er wel niet veel die dat deden, maar hun opofferingsgezindheid bewijst duidelijk dat je een mens alles kunt afnemen, maar één ding niet: de vrijheid die hij in laatste instantie nog altijd heeft, namelijk om in elke omstandigheid zelf zijn houding te bepalen en zijn eigen weg te gaan.

Viktor E. Frankl
Man's Search for Meaning

Denk hier eens aan

- In het memo dat werd opgesteld toen Fred Astaire in 1933 bij MGM auditie had gedaan, staat: 'Kan niet acteren. Een beetje kalend. Kan een beetje dansen.' Fred Astaire heeft dat memo ingelijst en naast zijn open haard in zijn huis in Beverly Hills opgehangen.
- Een deskundige heeft eens over Vince Lombardi gezegd: 'Hij heeft geen verstand van voetbal. En is ook niet gemotiveerd.'
- Socrates werd verweten dat hij de jeugd verpestte.
- Toen Peter J. Daniel in de vierde klas van de lagere school zat zei zijn onderwijzeres, mevrouw Phillips, altijd dat het nooit wat zou worden met hem. Peter was analfabeet tot zijn zesentwintigste. Toen las een vriend van hem een boekje voor over hoe je rijk moet worden. Nu is hij eigenaar van de bars waarin hij vroeger in vechtpartijen verwikkeld raakte en heeft hij net weer een nieuw boek geschreven, met de titel Mrs. Phillips, You Were Wrong.
- Louisa May Alcott, de schrijfster van *Onder moeders vleugels* moest van haar ouders werk zoeken als dienstbode of naaister.
- Beethoven speelde beroerd viool en werkte liever aan zijn eigen composities dan dat hij zijn techniek verbeterde. Zijn leraar zei dat hij een slecht componist was.
- De ouders van de beroemde operazanger Enrico Caruso wilden dat hij ingenieur zou worden. Zijn leraren zeiden dat hij geen mooie stem had en absoluut niet kon zingen.
- Charles Darwin, de vader van de evolutieleer, heeft zijn medicijnenstudie afgebroken. Zijn vader verweet hem dat hij voor niets anders belangstelling had dan voor jagen en honden. In zijn autobiografie heeft Darwin geschreven: 'Iedereen vond

mij altijd een doodnormale jongen, met een intelligentie die zelfs iets minder dan gemiddeld was.'
- Walt Disney is ooit eens ontslagen door de hoofdredacteur van een krant omdat hij te weinig ideeën had. Hij ging ook verscheidene keren failliet voordat hij met Disneyland begon.
- Thomas Edisons onderwijzeressen zeiden dat hij overal te stom voor was.
- Albert Einstein leerde pas praten toen hij vier was en kon pas lezen op zijn zevende. Zijn onderwijzers vonden hem 'geestelijk lui, onaangepast en altijd in een rare droomwereld verzonken'. Ook is hem de toegang geweigerd tot de Technische Hogeschool van Zürich.
- Louis Pasteur was op de universiteit maar een middelmatige student.
- Isaac Newton was een uitgesproken slechte student.
- De vader van de beeldhouwer Rodin heeft eens gezegd: 'Mijn zoon is een idioot.' Hij gold als de slechtste leerling op school en zakte drie keer voor het toelatingsexamen voor de kunstacademie. Volgens zijn oom kon hij niet leren.
- Leo Tolstoi, de schrijver van *Oorlog en vrede*, heeft zijn studie afgebroken. Van hem werd gezegd dat hij niet kon leren en er ook niet voor gemotiveerd was.
- De toneelschrijver Tennessee Williams was woest toen zijn stuk Me, Vasha geen prijs kreeg in een wedstrijd aan Washington University, waar hij als student Engels stond ingeschreven. De hoogleraar herinnerde zich dat Williams gezegd had dat de jury geen verstand had.
- Henry Ford ging drie keer failliet voordat hij uiteindelijk succes had.
- Winston Churchill bleef zitten in de zesde klas. Hij werd pas premier van Groot-Brittannië toen hij tweeënzestig was, na een leven van mislukkingen. Zijn grootste prestatie leverde hij als bejaarde.
- Achttien uitgevers weigerden Richard Bachs verhaal *Jonathan Livingston Zeemeeuw* totdat Macmillan het in 1970 uiteindelijk wel uitgaf. In 1975 waren er alleen in de Verenigde Staten al zeven miljoen exemplaren van verkocht.
- Richard Hooker werkte zeven jaar aan zijn humoristische

oorlogsverhalen onder de titel M*A*S*H. Eenentwintig uitgevers weigerden het echter. Nadat Morrow het had uitgegeven, werd het een bestseller, een zeer succesvolle film en een uiterst populaire televisieserie.

Jack Canfield en Mark V. Hansen

John Corcoran – de man die niet lezen kon

Zo lang als John Corcoran zich kon herinneren had hij al moeite gehad met taal. Letters veranderden onverwacht van plaats en klinkers raakte hij kwijt voordat hij ze gevormd had. Op school zat hij altijd maar een beetje strak voor zich uit te kijken met het idee dat hij voor altijd een buitenbeentje zou blijven. Was er maar iemand naast dat jongetje gaan zitten die zijn arm om hem heen had geslagen en had gezegd: 'Ik help je wel. Wees maar niet bang.'
Maar toen had nog niemand van dyslexie gehoord. En John kon aan niemand vertellen dat zijn linkerhersenhelft, het gedeelte dat mensen gebruiken om symbolen te ordenen, nooit goed gefunctioneerd had.
In de tweede klas werd hij daarom maar bij de 'dommeriken' gezet. In de derde klas kreeg hij slaag als hij weer eens niet kon of wilde lezen of schrijven. In de vierde klas zweeg de onderwijzeres als hij niet uit zijn woorden kon komen, totdat hij dacht dat hij zou stikken van schaamte en onmacht. Maar hij ging wel steeds over naar de volgende klas. John Corcoran bleef nooit zitten.
In zijn laatste jaar speelde hij in het basketballteam. Zijn moeder feliciteerde hem toen hij zijn eindexamen van de middelbare school haalde, maar ze bleef maar zeuren dat ze wilde dat hij naar de universiteit ging. De universiteit? Waanzin, toch? Maar uiteindelijk besliste hij dat hij naar de Universiteit van Texas in El Paso zou gaan. Daar kon hij dan misschien in bet basketballteam spelen. Hij haalde diep adem, sloot zijn ogen... en begaf zich op vijandelijk terrein.
Op de campus vroeg John aan iedereen hoe de docenten waren. Bij wie moest je schrijven? Wie gaf je multiple-choicevragen? Na elk college verscheurde hij zijn aantekeningen uit angst dat iemand zou zien wat een onzin hij had opgeschreven. 's Avonds zat

hij in zijn boeken te turen zodat zijn vrienden geen argwaan zouden krijgen, en in bed lag hij urenlang te woelen voordat hij in slaap viel. John bad tot God en beloofde hem dat hij dertig dagen achter elkaar naar de heilige mis zou gaan als Hij hem maar zijn diploma liet halen.
Hij haalde het diploma en gaf God Zijn dertig missen. Maar nu? Misschien was hij wel verslaafd aan de spanning, of misschien wilde hij zich vastbijten in datgene waarin hij zich het meest onzeker voelde. Hoe dan ook, in 1961 werd John leraar.
Hij werkte in Californië. Elke dag liet hij een van de leerlingen de leerstof hardop voorlezen in de klas. Bij overhoringen gaf hij altijd standaardvragen, die hij kon beoordelen door een vel papier met gaatjes op het ingeleverde werk te leggen. Maar vrolijker werd hij er niet op, integendeel, hij werd steeds depressiever.
Toen maakte hij kennis met Kathy, die verpleegster was. En een geweldige vrouw. 'Ik moet je iets vertellen, Kathy,' zei hij op een avond in 1965, vlak voordat ze zouden trouwen. 'Ik... eh... ik kan niet lezen.'
Hij is toch leraar, dacht Kathy bij zichzelf. Hij bedoelt natuurlijk dat hij niet goed kan lezen. Kathy begreep het niet totdat ze jaren later zag dat John niet in staat was een verhaaltje voor te lezen aan hun dochter van anderhalf. Kathy moest zijn brieven lezen en schrijven. Maar waarom vroeg hij haar niet gewoon om hem te leren lezen en schrijven? Hij geloofde niet dat iemand het hem zou kunnen leren.
Op zijn achtentwintigste leende John 2500 dollar, kocht een tweede huis, knapte het op en verhuurde het. Hetzelfde deed hij nog een paar keer, waardoor zijn bedrijf steeds groter werd. Op een gegeven moment had hij een secretaresse, een advocaat en een zakenpartner erbij.
Op een dag vertelde zijn boekhouder hem dat hij miljonair was. Mooi zo. Maar niemand die zag dat de nieuwbakken miljonair altijd aan deuren trok waarop DUWEN stond.
Maar in 1982 ging het minder goed met de zaken. Zijn huizen stonden steeds vaker leeg en andere investeerders trokken zich terug. De schuldeisers liepen te hoop en het leek wel alsof hij voortdurend bezig was de banken te smeken hem nog een lening te verstrekken en aannemers te verzoeken hun werk alsjeblieft af te maken. Hij begreep dat hij weldra voor de rechter zou moeten

verschijnen en dat die dan zou zeggen: 'De waarheid, John Corcoran. Kunt u niet eens lezen?'
Toen hij achtenveertig was deed John Corcoran ten slotte iets wat hij gezworen had nooit te doen. Hij sloot een allerlaatste lening af met zijn huis als onderpand, om verder te kunnen bouwen, en hij liep de plaatselijke avondschool binnen en zei tegen de vrouw die hem daar te woord stond: 'Ik kan niet lezen.'
Toen barstte hij in huilen uit.
Hij kreeg les van een omaatje van vijfenzestig; Eleanor Condit heette ze. Stapje voor stapje, letter voor letter en klank voor klank bracht ze hem het lezen bij. Na ruim een jaar begon zijn bedrijf weer wat beter te lopen. En John Corcoran begon een beetje te leren lezen.
Zijn volgende stap was de openbare erkenning van zijn tekortkoming. Dat deed hij in een toespraak voor tweehonderd stomverbaasde zakenlieden in San Diego. Om een beter gevoel over zichzelf te krijgen, moest hij schoon schip maken. Hij nam zitting in het bestuur van de plaatselijke stichting ter bestrijding van het analfabetisme en begon het hele land door te reizen om lezingen te geven.
'Analfabetisme is een soort slavernij!' was zijn slagzin. 'We moeten geen tijd verspillen door mensen deze tekortkoming kwalijk te nemen, maar we moeten er al onze aandacht aan besteden dat de mensen alsnog leren lezen.'
Hardop las hij elk boek en elk tijdschrift dat hij maar in handen kreeg en elk bord langs de weg dat hij tegenkwam, totdat Kathy er af en toe genoeg van kreeg. Heerlijk was het; alsof hij ineens kon zingen. En hij sliep nu ook een stuk beter.
Op een goede dag bedacht hij ineens dat er nog iets was wat hij nu eindelijk kon gaan doen. Ja, die stoffige doos op kantoor, met daarin dat stapeltje brieven met dat lint erom... Een kwart eeuw nadat ze geschreven waren, kon John Corcoran eindelijk de liefdesbrieven gaan lezen die zijn vrouw hem vroeger gestuurd had.

Pamela Truax

Abraham Lincoln zette door

De plicht om door te zetten kennen wij allemaal. Ieder van ons heeft de plicht om zijn ideaal na te streven. Ook ik heb die plicht gevoeld.

Abraham Lincoln

Ons beste voorbeeld van vasthoudendheid is waarschijnlijk Abraham Lincoln. Als u wilt weten wat het is om door te zetten, moet u beslist het volgende eens lezen.
Lincoln werd in een arm gezin geboren en had zijn hele leven het schrikbeeld voor ogen te zullen mislukken. Hij verloor acht keer de verkiezingen, mislukte twee keer in het zakenleven en is een keer psychisch ingestort.
Er waren dus in zijn leven gelegenheden te over om het bijltje erbij neer te gooien, maar dat heeft hij nooit gedaan. En omdat hij dat nooit gedaan heeft, is hij een van de grootste presidenten in de geschiedenis van de VS geworden.
Lincoln was een kampioen die nooit opgaf. Hier volgt een schetsje van zijn weg naar het Witte Huis.

1816	Zijn ouderlijk gezin wordt het huis uitgezet. Hij moest gaan werken om het gezin te steunen.
1818	Zijn moeder sterft.
1831	Zakelijk mislukt.
1832	Meegedaan aan plaatselijke verkiezingen – verloren.
1832	Ook zijn baan kwijt. Wil rechten gaan studeren, maar wordt niet toegelaten.
1833	Geld geleend van een vriend om een zaak te beginnen, maar aan het eind van het jaar al failliet. Had er zeventien jaar voor nodig om zijn schulden terug te betalen.

1834 Weer meegedaan aan plaatselijke verkiezingen – weer verloren.
1835 Verloofde overleden. Diep in de put.
1836 Psychisch volkomen ingestort. Moet zes maanden het bed houden.
1838 Weer meegedaan aan plaatselijke verkiezingen – weer verloren.
1840 Idem.
1843 Verkiesbaar voor het Congres – verloren.
1846 Weer verkiesbaar voor het Congres. Nu gewonnen! Gaat naar Washington en doet het daar goed.
1848 Weer verkiesbaar voor het Congres – verloren.
1849 Kan geen baan vinden in de staat waar hij vandaan komt.
1854 Verkiesbaar voor de Senaat van de VS – verloren.
1856 Wil verkiesbaar zijn als vice-president, maar wordt niet gekozen.
1858 Weer verkiesbaar voor Senaat – weer verloren.
1860 Tot president van de Verenigde Staten gekozen.

Het pad was smal en glibberig. Ik ben uitgegleden en viel bijna, maar ik heb me hersteld en heb tegen mezelf gezegd: 'Ik ben wel uitgegleden, maar niet gevallen.'

Abraham Lincoln
Nadat hij verloren had bij een senaatsverkiezing

Een lesje van mijn zoon

De passie van mijn zoon Daniel voor surfen begon toen hij dertien was. Elke dag trok hij voor en na school zijn rubberpak aan en peddelde hij naar de plek waar de golfslag ontstond, om daar te gaan wachten totdat hij samen met zijn vriendjes de golven kon gaan berijden. Op een gedenkwaardige middag ging het echter mis.
'Uw zoon heeft een ongeluk gehad,' had de strandwacht telefonisch meegedeeld aan Mike, mijn man.
'Hoe ernstig is het?'
'Nogal ernstig. Hij heeft de punt van zijn surfboard in zijn oog gekregen.'
Mike is als een haas naar het ziekenhuis gegaan, waar hij meteen werd doorverwezen naar de kamer van de plastisch chirurg. Daniel had zesentwintig krammen in zijn gezicht, van zijn ooghoek naar de brug van zijn neus.
Terwijl Dans oog werd behandeld, zat ik in het vliegtuig, op de terugweg van een lezing. Mike is direct nadat hij bij de chirurg vandaan kwam naar het vliegveld gereden. Hij wachtte me op bij de uitgang en zei dat Dan in de auto op ons zat te wachten.
'Daniel?' vroeg ik. Ik herinner me nog dat ik dacht dat het surfen dan zeker niet zo leuk geweest zou zijn.
'Hij heeft een ongeluk gehad, maar hij komt er weer helemaal bovenop.'
De grootste nachtmerrie van een moeder die voor haar werk vaak op reis moet was werkelijkheid geworden. Ik rende zo snel naar de auto dat de hak van een van mijn schoenen afbrak. Ik zwiepte het portier open en daar zat mijn jongste zoon met een groot verband op zijn oog. Hij huilde, strekte zijn armen naar me uit en riep: 'O, mama, wat ben ik blij dat je weer thuis bent.'
Ik moest ook huilen en zei hem hoe vreselijk ik het vond dat ik niet thuis was geweest toen de strandwacht gebeld had.

'Geeft niet, hoor, mam,' zei hij troostend. 'Je hebt toch geen verstand van surfen.'
'Hoe bedoel je?' vroeg ik, in de war gebracht door zijn vreemde logica.
'Ik ben gauw weer beter. De dokter zegt dat ik over een week wel weer het water in kan.'
Was hij gek geworden? Ik had hem willen zeggen dat hij niet meer het water in mocht totdat hij minstens vijfendertig was, maar ik slikte mijn woorden in en hoopte maar dat hij voor de rest van zijn leven niet aan surfen zou denken.
De daaropvolgende week zeurde hij me elke dag mijn kop gek om weer het water in te mogen. Toen ik hem op een dag voor de honderdste keer gezegd had dat dat niet mocht, wierp hij een van mijn eigen wapens in de strijd.
'Mam,' zei hij, 'je hebt vaak genoeg gezegd dat we nooit iets moeten opgeven als we het echt graag deden.'
En toen overhandigde hij me iets waartegen ik geen verweer had, een ingelijst gedicht van Langston Hughes, dat hij gekocht had omdat het hem zei hij, aan mij deed denken.

Moeder tegen zoon

Jongen, ik moet je zeggen:
Het leven is voor mij geen kristallen trap geweest.
Er zaten spijkers in
en splinters,
en verrotte planken
en kale stukken.
Kaal en moeizaam was de tocht.
Maar altijd
ben ik doorgeklommen
en steeds weer kwam ik op een nieuwe overloop,
steeds weer waren er nieuwe bochten
en af en toe was het pikkedonker.
Dus jongen, draai niet om.
Ga niet zitten op de trap
want dan maak je het maar moeilijker.
Pas op dat je niet valt...

want ik klim nog door, lieverd.
Ik klim steeds maar verder,
het leven is voor mij geen kristallen trap geweest.

Ik gaf het op.
In die tijd was Daniel nog een jonge knul, die dol was op surfen. Nu is hij een man met verantwoordelijkheid. Hij is een van de vijfentwintig beste surfers ter wereld.
Ik was bij mijzelf thuis geconfronteerd geweest met een belangrijk principe dat ik bij lezingen ook altijd aan mijn publiek voorhoud: mensen met een passie houden zich bezig met datgene waar ze van houden, en opgeven doen ze nooit.

Danielle Kennedy

... en sinds ik heb ontdekt dat Babe Ruth zich 1330 keer uit heeft geslagen... voel ik me een stuk beter!!

Ziggy© Ziggy and Friends

Mislukt? Nee hoor, gewoon wat tegenslag

Om al in het zaad te zien hoe iets zal worden, dat is geniaal.

Lao-tse

Als je vandaag bij me langs zou kunnen komen op mijn kantoor in Californië, zou je zien dat ik in mijn kamer een prachtige ouderwetse houten bar heb staan met Spaanse tegels, met negen met leer beklede krukken (zoals je ze vroeger in drugstores wel zag). Vreemd? Ja. Maar als die krukken konden praten, zouden ze het verhaal vertellen van de dag dat ik de hoop bijna had opgegeven.
Het speelde in een periode van recessie na de Tweede Wereldoorlog. Er heerste werkloosheid en Cowboy Bob, mijn man, had met geleend geld een kleine stomerij gekocht. We hadden twee schattige baby'tjes, een huisje, een auto en de gebruikelijke afbetalingen. Maar ineens ging het mis. We hadden geen geld meer om het huis te betalen, en ook niet voor andere zaken.
Ik had geen speciale vaardigheden, geen speciale talenten. Ik had ook geen opleiding gehad en had geen hoge pet op van mezelf. Maar toen herinnerde ik me iemand die vroeger gedacht had dat ik wel wat kon: mijn oude lerares Engels. Zij had me enthousiast gemaakt voor de journalistiek en had me gebombardeerd tot commercieel manager en verslaggever van de schoolkrant. Ik dacht bij mezelf: als ik nu eens wekelijks een hoekje over winkelen zou kunnen verzorgen in het plaatselijke blaadje, dan zou ik misschien wat bij kunnen bijverdienen.
Ik had geen auto en er was niemand die op de kinderen kon passen, dus ik laadde mijn twee koters in het gammele wandelwagentje. Een van de wielen dreigde er steeds af te lopen, maar ik

schopte het steeds weer op zijn plaats met de hak van mijn schoen. Ik was vastbesloten ervoor te zorgen dat mijn kinderen hun thuis niet zouden kwijtraken, zoals mij als kind meerdere keren was overkomen.

Maar bij de krant waren geen baantjes te vergeven. Door de recessie. Ik kreeg echter een idee. Ik vroeg of ik een reclamepagina tegen inkoopprijs kon krijgen om die dan met winst te proberen te vullen met advertenties. Ze stemden toe, al vertelden ze me later dat ze gedacht hadden dat ik na een week de zaak zou opgeven. Maar ze hadden het mis.

Het idee werkte. Ik verdiende genoeg geld om de afbetalingen op het huis te kunnen doen en een oude auto te kopen die Cowboy Bob voor me had opgeduikeld. Toen nam ik een meisje aan om iedere dag van drie tot vijf op de kinderen te passen. Als de klok drie sloeg, pakte ik mijn voorbeeldpagina's en reed ik naar de mensen met wie ik afspraken had gemaakt.

Maar op een regenachtige middag bleken de vier advertentieopdrachten waarop ik gehoopt had niet door te gaan. Ze wilden niet.

'Hoe komt dat?' vroeg ik. Ze zeiden dat het hun was opgevallen dat Ruben Ahlman, eigenaar van de Rexall-drugstore en voorzitter van de plaatselijke kamer van koophandel, niet bij me adverteerde. Zijn winkel was de populairste zaak in het stadje en ze vertrouwden op zijn oordeel. 'Er is vast iets mis met jouw advertenties,' zeiden ze tegen me.

Het hart zonk me in de schoenen. Met die vier advertenties zou ik de hypotheek hebben kunnen betalen. Maar toen dacht ik: ik zal nog een keer met meneer Ahlman proberen te praten. Hij is heel populair en iedereen waardeert hem, dus hij wil vast wel naar me luisteren. Maar hoe kwam het dan dat hij elke keer als ik hem benaderde geweigerd had met me te spreken? Hij was altijd 'weg' of bezig. Ik wist dat als hij bij mij zou adverteren, de andere winkeliers ook wel over de brug zouden komen.

Toen ik zijn winkel binnenliep, stond hij bij de afdeling medicijnen. Ik glimlachte en hield mijn demonstratiemateriaal omhoog en zei: 'Meneer Ahlman, iedereen heeft veel respect voor u. Zou u een ogenblikje naar mijn voorstel kunnen kijken, dan kan ik de andere winkeliers zeggen wat u ervan vindt.'

Hij trok zijn mondhoeken naar beneden en schudde koeltjes zijn hoofd. 'Nee,' zei hij zonder een greintje sympathie. Ik verloor nu de moed helemaal.

Mijn enthousiasme was weg. Ik wist nog bij de prachtige bar voor in de drugstore te komen, maar voelde dat ik de kracht miste om naar huis te rijden. Ik wilde er niet blijven zitten zonder iets te bestellen, dus haalde ik mijn laatste geld te voorschijn en bestelde een flesje Coca-Cola. Ik was wanhopig. Wat moest ik doen? Zouden mijn kindertjes uit hun huis worden gezet, zoals dat mijzelf als kind ook zo vaak was overkomen? Had mijn lerares het bij het verkeerde eind gehad? Misschien had ik helemaal geen talent. De tranen stroomden over mijn wangen.

Naast me hoorde ik ineens een zachte stem zeggen: 'Wat is er aan de hand?' Ik keek op en zag het vriendelijke gezicht van een mooie, grijze dame. Ik vertelde haar mijn verhaal en eindigde met te zeggen: 'Maar meneer Ahlman, voor wie iedereen zo'n respect heeft, wil niet eens kijken naar wat ik te bieden heb.'

'Laat mij maar eens even kijken,' zei ze. Ze pakte mijn demonstratiemateriaal en bekeek het uitvoerig. Toen draaide ze zich op haar kruk om, stond op, keek naar de man bij de afdeling medicijnen en riep met een harde, commanderende stem: 'Ruben Ahlman, kom hier!' De vrouw bleek mevrouw Ahlman te zijn!

Ze zei tegen Ruben dat hij advertentieruimte bij mij moest reserveren. Nu keek hij me grijnzend aan. Zij vroeg me wie de vier klanten waren die me de deur hadden gewezen, waarna ze naar de telefoon liep en ieder van hen opbelde. Toen ze terugkwam, sloeg ze haar armen om me heen en zei dat ze op me stonden te wachten om hun bestellingen bij mij te plaatsen.

Ruben en Vivian Ahlman werden onze beste vrienden en bleven ook trouwe klanten van me. Ik begreep later dat Ruben een lieve man was, die nooit iemand de deur kon wijzen. Hij had Vivian echter beloofd geen advertenties meer te zullen plaatsen en had alleen maar geprobeerd zich aan zijn woord te houden. Als ik er anderen naar gevraagd zou hebben, zou ik al veel eerder hebben begrepen dat ik meteen naar mevrouw Ahlman had moeten stappen. Het gesprek aan die mooie, oude bar was echt het keerpunt voor mij. Mijn advertentiebedrijf ging het verder voor de wind en ontwikkelde zich tot een onderneming met vier kantoren, driehonderd werknemers en vierduizend klanten.

Later, toen meneer Ahlman zijn zaak moderniseerde en de bar

liet weghalen, heeft mijn lieve man hem voor me gekocht en in mijn kantoor laten installeren. Als je hier in Californië was, zouden we er samen op krukken voor kunnen gaan zitten. Dan zou ik je een Coca-Cola inschenken en zeggen dat je nooit moet opgeven en moet bedenken dat er altijd wel hulp komt.
Verder zou ik zeggen dat je, als je niet met een sleutelfiguur kunt praten, meer informatie moet zien te krijgen. Probeer het eens op een andere manier. Ga op zoek naar iemand die als derde partij iets voor je zou kunnen doen. En ten slotte zou ik die verfrissende woorden van Bill Marriott van de Marriott-hotels willen aanhalen:

Mislukking? Nee, nooit meegemaakt.
Alleen af en toe wat tegenslag.

Dottie Walters

Om creatiever te kunnen zijn, wacht ik

1. Tot ik inspiratie krijg
2. Tot ik toestemming krijg
3. Tot ik gerustgesteld word
4. Tot de koffie klaar is
5. Op mijn beurt
6. Tot iemand me voorgaat
7. Op de spelregels
8. Op beter zicht
9. Op wraak
10. Op betere kansen
11. Tot ik meer tijd heb
12. Op verbetering van een relatie
13. Op iemand die moet veranderen
14. Op de juiste man
15. Op een ramp
16. Tot ik bijna geen tijd meer heb
17. Op een zondebok
18. Tot de kinderen het huis uit zijn
19. Tot de Dow Jones-index de magische grens overschrijdt
20. Tot de leeuw neerligt met het lam
21. Op wederzijds overleg
22. Op betere tijden
23. Op een betere horoscoop
24. Tot ik weer jong zal zijn
25. Op de bel
26. Tot de wet veranderd is
27. Tot Richard Nixon herkozen wordt
28. Tot ik ouder ben
29. Tot morgen
30. Tot sint-juttemis
31. Tot mijn jaarlijkse keuring
32. Op een betere vriendenkring
33. Tot de kansen minder slecht zijn
34. Tot het schooljaar weer begint
35. Tot het duidelijk is wat ik moet doen
36. Tot de kat ophoudt met krabben
37. Tot ik geen risico meer loop
38. Tot de hond van de buren ophoudt met blaffen
39. Tot mijn oom thuiskomt
40. Tot iemand me ontdekt
41. Tot het veiliger is
42. Tot de belastingen lager zijn
43. Tot ik meer vrijheid heb

44. Tot mijn ouders dood zijn (grapje)
45. Tot er een geneesmiddel is gevonden tegen aids
46. Tot ik alles begrijp
47. Tot er geen oorlog meer is
48. Tot ik weer verliefd word
49. Tot iemand op me let
50. Op duidelijke instructies
51. Op een betere geboortenregeling
52. Tot de belasting betaald is
53. Tot er geen armoede meer is
54. Tot ik de vrije hand krijg
55. Tot Guus Geluk me komt helpen
56. Tot mijn ondergeschikten volwassen worden
57. Tot ik een beter ego heb
58. Tot ik er zin in heb
59. Op mijn nieuwe creditcard
60. Op de pianostemmer
61. Tot deze vergadering voorbij is
62. Tot het duidelijker is wat mijn inkomsten zijn
63. Tot mijn uitkering ophoudt
64. Op het voorjaar
65. Tot mijn pak terugkomt van de stomerij
66. Tot mijn zelfvertrouwen weer op peil is
67. Op een teken uit de hemel
68. Tot de alimentatie ophoudt
69. Tot mijn geniale talent erkend wordt
70. Tot de nieuwe regels er zijn
71. Tot allerlei pijntjes over zijn
72. Tot de rijen bij het postkantoor korter zijn
73. Tot de wind opsteekt
74. Tot mijn kinderen zich beter gedragen
75. Tot het volgende seizoen
76. Tot iemand anders het verprutst
77. Tot ik weer opnieuw mag beginnen
78. Tot de mensen logisch gaan nadenken
79. Tot de volgende keer
80. Tot je uit de weg gaat
81. Tot het schip met geld binnen is
82. Op een betere deodorant
83. Tot mijn proefschrift klaar is
84. Op een scherp potlood
85. Tot de post er is
86. Op mijn vrouw
87. Op toestemming van mijn arts
88. Tot het ochtend is
89. Tot Californië in zee stort
90. Op rustiger tijden
91. Op de Verschrikkelijke Sneeuwman
92. Op een gelegenheid om gratis te bellen

93. Op een gunstiger winstmarge
94. Tot ik geen trek meer heb in sigaretten
95. Tot het goedkoper wordt
96. Tot het duurder wordt
97. Tot de prijs stabiel is
98. Tot de erfenis van opa geregeld is
99. Tot het weekend
100. Op de winnende kaart
101. Op jou

David B. Campbell

Iedereen kan iets

Het werkelijke verschil tussen een gewone man en een krijger is dat een krijger overal een uitdaging in ziet, terwijl een gewone man alles ziet als een zegen of als een vloek.

Don Juan

Roger Crawford had alles om goed te kunnen tennissen, op twee handen en een been na.
Toen Rogers ouders hun zoon voor het eerst te zien kregen, zagen ze een baby met een op een duim lijkend aanhangsel onder aan zijn rechteronderarm en een duim en een vinger aan zijn linkeronderarm. Hij had geen handpalmen. De armen en benen van het kind waren te kort, hij had maar drie tenen aan zijn te kleine rechtervoet en een verschrompeld linkerbeen, dat later geamputeerd is.
De dokter zei dat Roger leed aan ectrodactylisme, een zeldzame afwijking, die bij slechts één op de 90.000 geboorten in de Verenigde Staten voorkwam. De dokter zei dat Roger waarschijnlijk nooit zou kunnen lopen of voor zichzelf zou kunnen zorgen.
Gelukkig geloofden Rogers ouders die dokter niet.
'Mijn ouders hebben me altijd geleerd dat ik zo gehandicapt was als ik zelf wilde,' zei Roger. 'Ze hebben me nooit de kans gegeven zelfmedelijden te ontwikkelen of mijn voordeel te doen met mijn handicap. Zo heb ik eens een keer problemen gehad omdat ik mijn werk op school altijd te laat inleverde,' vertelde Roger, die zijn schrijfgerei met twee handen moet vasthouden en maar heel langzaam kan schrijven. 'Ik vroeg mijn vader een briefje voor de leraar zodat ik mijn werk twee dagen later zou mogen inleveren. In plaats daarvan zei mijn vader dat ik gewoon twee dagen eerder moest beginnen!'

Rogers vader moedigde hem altijd aan om aan sport te gaan doen. Hij leerde zijn zoon American football spelen. Toen hij twaalf was slaagde Roger erin een plaatsje in het team van zijn school te veroveren.

Voor het begin van elke wedstrijd probeerde Roger zich altijd voor te stellen hoe hij een doelpunt zou maken. Op een dag kreeg hij er de kans voor. Hij kreeg de bal toegespeeld en rende zo snel als hij kon naar het doel van de tegenstander. Onderweg werd hij echter getackeld, waardoor zijn kunstbeen losraakte.

'Ik stond nog overeind,' herinnert Roger zich. 'Ik wist niet wat ik moest doen, dus ik hipte gewoon door en legde de bal achter de lijn. Touch down! Weet je, het leukste van alles was nog de uitdrukking op het gezicht van de jongen die mijn been eraf had geschopt!'

Roger begon steeds meer van sporten te houden, en ook zijn zelfvertrouwen nam toe. Maar niet elke hindernis kon hij overwinnen. Samen met de andere kinderen lunchen in de kantine bleef een pijnlijke gebeurtenis voor Roger omdat het hem zo onhandig afging. Ook leren typen was een bezoeking voor hem. 'Op typeles heb ik iets heel belangrijks geleerd,' zei Roger. 'Namelijk dat je niet álles kunt en dat het beter is om je te concentreren op wat je wél kunt.'

Iets wat Roger zeker wel kon, was met een tennisracket slaan. Helaas had hij maar zo weinig grip op het ding dat het daarbij maar al te vaak uit zijn handen vloog. Bij toeval vond hij in een sportzaak een vreemd uitziend racket met een dubbel handvat. Het werd een beetje voor hem aangepast en toen kon hij serveren en spelen alsof er niets aan de hand was. Hij oefende elke dag en speelde al gauw wedstrijden, die hij trouwens meestal verloor. Maar Roger hield vol. Hij oefende en speelde tot hij erbij neerviel. Door een operatie aan de twee vingers van zijn linkerhand was Roger in staat zijn speciale racket beter vast te houden, waardoor zijn spel aanzienlijk verbeterde. Hoewel hij geen idolen had met wie hij zich kon vereenzelvigen, raakte Roger geobsedeerd door het spel en won hij op den duur steeds vaker.

Ook op de universiteit speelde Roger tennis. Later werd hij de eerste gehandicapte professionele tennisleraar. Roger reist nu het land door en houdt spreekbeurten over hoe het is om winnaar te zijn, en dat het daarbij niet uitmaakt wat voor handicaps je hebt.

'Het enige verschil tussen jullie en mij is dat jullie mijn handicap kunnen zien en ik die van jullie niet. Want handicaps hebben we allemaal! Als mensen me vragen hoe het me gelukt is mijn lichamelijke handicap te overwinnen, dan zeg ik dat ik niets heb overwonnen. Ik heb niet alleen geleerd wat ik niet kan – pianospelen bijvoorbeeld, of met stokjes eten – maar vooral wat ik wél kan. En dat doe ik met hart en ziel.'

Jack Canfield

Jawel, je kunt het

Ervaring is niet wat je overkomt. Ervaring is wat je doet met wat je overkomt.

Aldous Huxley

Stel je voor dat je op je zesenveertigste afschuwelijke brandwonden oploopt bij een motorongeluk en je vier jaar later nog eens vanaf je middel verlamd bent door een vliegtuigongeluk. Kun je je voorstellen dat iemand dan nog miljonair, een gevierd spreker, gelukkig in de liefde en een geslaagd zakenman wordt? Kun je je voorstellen dat je dan nog gaat wildwaterkanoën? Parachutespringen? Dat je in de politiek gaat?
W. Mitchell heeft dat allemaal gedaan terwijl zijn gezicht wel een lappendeken lijkt, hij zijn vingers kwijt is en met dunne en bewegingloze benen in zijn rolstoel zit.
Na de zestien operaties die Mitchell heeft ondergaan na het motorongeluk, waarbij meer dan vijfenzestig procent van zijn huid verbrand was, kon hij geen vork meer optillen, geen telefoonnummer meer draaien en niet zonder hulp naar de wc gaan. Maar Mitchell, die vroeger marinier was geweest, wilde er nooit aan dat hij afgedaan zou hebben. 'Ik ben de baas op mijn eigen ruimteschip,' zei hij. 'Het zijn mijn eigen ups en downs. Ik kan kiezen of ik deze toestand als een ramp zie of als een nieuwe start.' Zes maanden later zat hij weer achter de stuurknuppel van een vliegtuig.
Mitchell kocht een negentiende-eeuws huis in Colorado, een lap grond erbij, een vliegtuig en een bar. Later zette hij samen met twee vrienden nog een fabriek op die potkachels maakte en die na verloop van tijd uitgroeide tot de grootste particuliere werkgever van de staat Vermont.

En toen, vier jaar na het motorongeluk, stortte het vliegtuig dat Mitchell bestuurde neer op de startbaan, waarbij Mitchell twaalf rugwervels brak en hij vanaf zijn middel verlamd raakte. 'Ik heb me zitten afvragen wat er in godsnaam met me gebeurd was. Wat had ik gedaan om dit te verdienen?'
Maar Mitchell liet zich niet uit het veld slaan en werkte dag en nacht om zoveel mogelijk van zijn onafhankelijkheid te herwinnen. Hij werd verkozen tot burgemeester van Crested Butte, Colorado, met de opdracht het stadje en het milieu in de omgeving te redden van de verwoestende invloed van de mijnbouw die er plaatsvond. Later heeft hij nog geprobeerd een zetel in het Congres te veroveren.
Ondanks zijn gehavende uiterlijk en de fysieke uitdagingen waarvoor hij zich geplaatst zag, is Mitchell gaan wildwaterkanoën. Hij is verliefd geworden en is getrouwd, hij heeft zijn studie bedrijfskunde met succes afgesloten en is doorgegaan met vliegen en met zijn activiteiten voor het behoud van het milieu. Mitchells onverwoestbare positieve houding heeft aanleiding gegeven tot tal van artikelen in bekende tijdschriften.
'Voordat ik verlamd was, kon ik wel tienduizend dingen doen,' zegt Mitchell. 'Nu zijn er nog negenduizend. Nou zou ik ervoor kunnen kiezen me te concentreren op die 1000 dingen die ik niet meer kan, maar ik kan me ook gaan richten op de negenduizend die er nog over zijn. Ik zeg altijd tegen de mensen dat ik twee grote klappen heb gehad in mijn leven. En als ik ervoor heb gekozen om ze niet te gebruiken als een excuus om ermee op te houden, dan kun jij misschien ook je eigen ervaringen in een nieuw perspectief gaan zien. Je zou kunnen proberen er afstand van te nemen en jezelf de kans te geven om te zeggen: "Misschien is het toch allemaal niet zo erg."'
Onthoud dit: het gaat er niet om wat je overkomt; het gaat erom wat je ermee doet.

Jack Canfield en Mark V. Hansen

Rennen, Patti, rennen...

Toen Patti Wilson nog jong en onbedorven was, kreeg ze van haar dokter te horen dat ze epilepsie had. Haar vader, Jim Wilson, is iemand die 's ochtends graag gaat joggen. Op een ochtend glimlachte ze naar hem van achter de beugel om haar tanden en zei: 'Papa, ik zou dolgraag eens met je mee gaan rennen, maar ik ben bang dat ik dan een toeval krijg.'
Haar vader zei tegen haar: 'Als dat zou gebeuren, dan weet ik wel wat ik moet doen, dus laten we het maar gewoon proberen.'
En zo gingen ze elke ochtend hardlopen. Ze vonden het heerlijk om dat samen te doen en van toevallen had Patti tijdens het rennen totaal geen last. Na een paar weken zei ze tegen haar vader: 'Papa, wat ik dolgraag zou willen, is het wereldrecord lange-afstandslopen voor vrouwen breken.'
Haar vader raadpleegde het *Guinness Book of World Records* en vond daarin dat de langste afstand die een vrouw ooit hardgelopen had honderddertig kilometer bedroeg. Toen Patti in de eerste klas van de middelbare school zat, kondigde ze aan dat ze, als ze in de tweede zat, naar San Francisco wilde rennen (een afstand van vijfhonderd kilometer). 'En als ik in de derde zit,' vervolgde ze, 'ren ik naar Portland in Oregon (meer dan tweeduizend kilometer). In de vierde ren ik naar St. Louis (ongeveer drieduizend kilometer). En in mijn laatste jaar naar het Witte Huis (ruim vierduizend kilometer).'
Gezien haar handicap, was dit een ambitieus plan. Maar ze was enthousiast en zei dat ze de handicap zag als 'niet meer dan een ongemak'. Ze concentreerde zich niet op wat ze kwijt was, maar op wat ze nog overhad.
Het volgende jaar rende ze naar San Francisco, gekleed in een T-shirt met de opdruk I LOVE EPILEPTICS. Haar vader rende de hele route met haar mee, terwijl haar moeder, die verpleegster

was, met een camper achter hen aan reed voor het geval er iets mis zou gaan.
Het daaropvolgende jaar hadden haar klasgenoten een fanclub gevormd. Ze hadden een reusachtige poster gemaakt met de tekst: RENNEN, PATTI, RENNEN! Tijdens haar tweede marathon, naar Portland, Oregon, brak ze een botje in haar voet. Een arts zei haar toen dat ze moest ophouden met hardlopen. Hij zei: 'Je krijgt gips om je voet om te zorgen dat je er niet blijvend last van houdt.'
'Dokter, u begrijpt het niet,' had ze gezegd. 'Het is niet zomaar een bevlieging van me. Het is een te gekke obsessie! Ik doe dit niet alleen voor mezelf, maar om de ketenen te verbreken die zoveel anderen gevangen houden. Hebt u niet een oplossing, zodat ik toch kan blijven rennen?' Hij had inderdaad nog één mogelijkheid. Hij kon haar voet verbinden in plaats van er gips omheen te doen. Hij waarschuwde haar dat het erg veel pijn zou doen, maar zij greep de mogelijkheid met beide handen aan. Haar tocht naar Portland beëindigde ze met de gouverneur van Oregon aan haar zijde.
Nadat ze vier maanden bijna onafgebroken had hardgelopen, arriveerde Patti in Washington, waar ze de president van de Verenigde Staten een hand mocht geven. Ze zei tegen hem: 'Ik wilde dat de mensen zouden weten dat epileptici gewone mensen zijn die een gewoon leven leiden.'
Niet lang geleden heb ik dit verhaal bij een van mijn workshops verteld. Na afloop kwam er een grote man met tranen in zijn ogen naar me toe. Hij zei: 'Mark, mijn naam is Jim Wilson. Je had het net over mijn dochter, Patti.' Hij vertelde me dat zij door haar inspanningen zoveel geld bij elkaar had weten te krijgen dat er, verspreid over de hele wereld, negentien peperdure epileptische klinieken gebouwd konden worden.
Als Patti Wilson met haar handicap zoveel voor elkaar kan krijgen, wat zou jij met je goede gezondheid dan niet allemaal kunnen organiseren!

Mark V. Hansen

De kracht te weten wat je wilt

Het plattelandsschooltje werd verwarmd door een ouderwetse kolenkachel. Er was een jongetje dat elke ochtend tot taak had vroeg op school te komen om het vuur aan te steken en zo te zorgen dat het lokaal warm was voordat de onderwijzeres en de andere kinderen kwamen.
Op een ochtend troffen ze het schooltje in vlammen aan. Ze wisten het bewusteloze jongetje er nog net uit te slepen, meer dood dan levend. Hij had ernstige brandwonden aan zijn onderlichaam en werd naar het nabijgelegen streekziekenhuis gebracht. Vanuit zijn bed hoorde het zwaar gewonde, half-bewusteloze jongetje de dokter met zijn moeder praten. De dokter vertelde zijn moeder dat haar zoon zou sterven – wat maar goed was ook – omdat het verschrikkelijke vuur zijn lichaam zwaar had aangetast.
Maar het dappere jongetje wilde niet sterven. Hij besloot dat hij wilde blijven leven. En tot verbazing van de arts lukte hem dat ook. Toen hij niet meer in levensgevaar was, hoorde hij de dokter weer zachtjes met zijn moeder spreken. De moeder kreeg te horen dat het, omdat het vuur zo'n schade bij hem had aangericht, maar beter was geweest als hij inderdaad gestorven was, want dat hij waarschijnlijk zijn leven lang invalide zou blijven en het gebruik van zijn beide benen zou moeten missen.
Weer nam het dappere ventje een besluit. Hij wilde niet invalide worden! Hij zou zorgen dat hij weer zou kunnen lopen. Maar hij miste de controle over zijn benen. Zijn dunne beentjes bungelden levenloos naar beneden.
Na verloop van tijd werd hij uit het ziekenhuis ontslagen. Elke dag masseerde zijn moeder zijn benen, maar er zat geen gevoel en geen beweging meer in. Toch was hij er meer dan ooit van overtuigd dat hij weer zou kunnen lopen.

Als hij niet in bed lag, zat hij in een rolstoel. Op een mooie dag had zijn moeder hem de tuin in gereden om wat frisse lucht te krijgen. Die dag bleef hij echter niet zitten, maar wierp zich op de grond. Hij trok zich door het gras, zijn benen achter zich aan slepend.
Hij wist zich tot aan het witte houten hekje aan de rand van de tuin toe te werken. Met grote moeite trok hij zichzelf eraan op, waarna hij zich langs het hek trok, vastbesloten om te lopen. Dit deed hij van toen af aan dagelijks, totdat hij langs het hele hek een pad had uitgesleten. Hij wilde niets liever dan de kracht in zijn benen weer terugkrijgen.
Uiteindelijk slaagde hij er, door zijn dagelijkse massage en zijn vastberadenheid, in om te kunnen staan en vervolgens stapje voor stapje te kunnen lopen. Uiteindelijk kon hij zelfs rennen.
Hij ging weer naar school, lopend, en later zelfs rennend. Steeds vaker zette hij het uit pure vreugde op een lopen. Later, op de universiteit, was hij de snelste hardloper.
En nog later, in Madison Square Garden, verbeterde deze jongeman het wereldrecord hardlopen op de mijl. Deze jongeman was dr Glenn Cunningham, die ten dode was opgeschreven, die nooit meer zou kunnen lopen en zeker nooit zou kunnen rennen!

Burt Dubin

Vertrouwen

Wij zijn taaie mensen, wij invaliden. Als we dat niet waren geweest, dan zouden we hier allang niet meer rondschuifelen. Ja, we zijn een taai soort mensen, in veel opzichten gezegend met een wijsheid en geestkracht die niet iedereen heeft.
En daar wil ik aan toevoegen dat de weigering om je handicap voor lief te nemen verband houdt met één principe, namelijk geloof, een bijna goddelijk geloof.
In de ontvangstruimte van het Instituut voor Revalidatie in New York is een bronzen bord aan de muur geschroefd. Gedurende de maanden dat ik twee tot drie keer per week naar dat instituut toe moest, ben ik vaak door die ruimte heen gelopen zonder ook maar een enkele blik te werpen op de tekst die, naar verluidt afkomstig is van een soldaat van de noordelijke troepen in de Amerikaanse Burgeroorlog. Maar op een middag ben ik er een keer voor stil blijven staan en heb ik gelezen wat er stond. Toen ik klaar was heb ik de tekst nog een keer gelezen. Ik had het gevoel alsof de vlammen me uitsloegen. Niet uit wanhoop, maar van emotie.. Ik was zo geëmotioneerd dat ik de armleuningen van mijn rolstoel stijf omklemde. Ik wil u er hierbij deelgenoot van maken.

Een geloofsbelijdenis voor hen die geleden hebben

Ik heb God gevraagd mij kracht te geven, zodat ik zou
kunnen presteren.
Maar ik kreeg zwakheid toebedeeld, opdat ik zou leren
nederig te gehoorzamen...

Ik heb om gezondheid gevraagd, zodat ik grote dingen zou
kunnen verrichten.
Maar ik werd invalide, opdat ik het goede zou nastreven...

Ik heb om rijkdom gevraagd, zodat ik gelukkig zou zijn.
Maar ik werd arm, opdat ik wijs zou worden...

Ik heb om macht gevraagd, zodat ik door iedereen
geprezen zou worden.
Maar ik werd zwak, opdat ik God zou gaan zoeken...

Ik heb gevraagd om alles waardoor ik van het leven zou
kunnen genieten.
Maar ik kreeg het leven, opdat ik van alles zou kunnen
genieten...

Ik heb in het geheel niet gekregen waarom ik gevraagd
had, maar wel alles waarop ik gehoopt had.
Bijna ondanks mijzelf, zijn mijn onuitgesproken gebeden
verhoord.

Ik ben een rijk en gezegend mens!

Roy Campanella

Zij redde 219 mensen het leven

Betty Tisdale is een heldin van wereldklasse. Toen de oorlog in Vietnam in april 1975 erger werd, begreep ze dat ze vierhonderd weeskinderen moest helpen die op het punt stonden op straat gezet te worden. Ze had al vijf Vietnamese weesmeisjes geadopteerd, samen met haar echtgenoot, de kinderarts kolonel Patrick Tisdale, die weduwnaar was en zelf ook al vijf kinderen had.
Tom Dooley had als Amerikaans marinearts in Vietnam in 1954 mensen helpen ontvluchten vanuit het communistische Noorden. Betty vindt Tom Dooley een held, die haar hele leven veranderd heeft. Nadat ze zijn boek had gelezen, nam ze haar spaargeld op en ging ze veertien keer met vakantie naar Vietnam om daar de ziekenhuizen en weeshuizen die hij had opgericht te bezoeken en daar te werken. Toen ze in Saigon was, werd ze verliefd op de weeskindertjes van An Lac (het Gelukkige Huis), dat bestierd werd door Madame Vu Thi Ngai, die later, op de dag dat Vietnam viel, door Betty het land uit werd geholpen, met haar mee ging naar Georgia en bij haar en haar tien kinderen introk.
Toen Betty, een ondernemende vrouw, zich realiseerde hoe de toekomst eruitzag voor die vierhonderd kinderen, kwam ze in actie. Ze belde madame Ngai en zei: 'Ik kom naar u toe en ik zal zien dat die vierhonderd kinderen allemaal geadopteerd worden.' Ze had geen idee hoe ze het zou gaan aanpakken, ze wist alleen dat het moest gebeuren. Shirley Jones heeft Betty later nog uitgebeeld in de film *De kinderen van An Lac*.
In korte tijd wist ze bergen te verzetten. Op verschillende manieren kreeg ze het benodigde geld bij elkaar. Ze had besloten dat ze het zou doen en ging gewoon aan de gang. Zelf zegt ze erover: 'Ik zag voor me hoe al die baby's in goede, christelijke gezinnen in Amerika zouden opgroeien in plaats van onder het communisme.' Dat was steeds haar motivatie.

Op een zondag ging ze weg uit Fort Benning in Georgia. Ze arriveerde op dinsdag in Saigon, en op zaterdag had ze, nadat ze een aantal dagen niet had geslapen, alle hindernissen weggenomen om vierhonderd kinderen het land uit te krijgen. Toen kreeg ze echter te maken met dr Dan, die zei dat hij alleen kon toestaan dat kinderen van onder de tien het land uit mochten en dat alle kinderen een geboortebewijs moesten kunnen overleggen. Ze ontdekte dat oorlogswezen blij mogen zijn dat ze nog leven en vrijwel nooit over een geboortebewijs beschikken.

Betty ging naar de kinderafdeling van het ziekenhuis, waar ze voor de 219 daarvoor in aanmerking komende kinderen blanco geboortebewijzen kreeg, die ze vervolgens van gefingeerde gegevens voorzag. Ze zegt daarover: 'Ik had geen idee wanneer, waar en bij wie die kinderen geboren waren. Ik vulde gewoon maar wat in.' Die geboortebewijzen waren de enige hoop om die kinderen weg te krijgen en ze een goede toekomst te kunnen bezorgen. Het was nu of nooit.

Toen had ze een plek nodig om die kinderen te kunnen onderbrengen... Het leger in Fort Benning kon niets voor haar doen, maar Betty liet zich niet met een kluitje in het riet sturen. Toen ze er na herhaalde pogingen niet in slaagde de bevelvoerende generaal aan de telefoon te krijgen, belde ze de minister van defensie, Bo Callaway. Maar ook hem kreeg ze niet aan de lijn, hoezeer ze ook aandrong en vertelde dat het van levensbelang was. Betty liet zich niet uit het veld slaan. Ze liet zich in dit stadium van haar actie niet meer tegenhouden. De minister was afkomstig uit Georgia, dus besloot ze zijn moeder te bellen en haar de zaak voor te leggen. Betty stortte haar hart bij haar uit en vroeg haar om haar zaak bij haar zoon te bepleiten. De volgende dag al belde de minister haar op. Hij had geregeld dat de kinderen van An Lac voorlopig in een school in Fort Benning konden worden ondergebracht.

Maar nu was er nog het probleem de kinderen Vietnam uit te krijgen. Toen Betty weer terug was in Saigon, ging ze onmiddellijk naar de Amerikaanse ambassadeur, Graham Martin, en probeerde ze van hem gedaan te krijgen dat hij voor vervoer van de kinderen zou zorgen. Ze had geprobeerd een vliegtuig van Pan Am te charteren, maar Lloyds in Londen had de verzekeringspremie voor de vlucht zo hoog gemaakt dat er niet over te onder-

handelen viel. De ambassadeur stemde toe om te helpen als alle papieren door de Vietnamese autoriteiten in orde bevonden werden. Het laatste document werd door dr Dan ondertekend terwijl de kinderen al instapten in de twee ter beschikking gestelde vliegtuigen van de luchtmacht.
De wezen waren ondervoed en ziek. De meesten waren nog nooit buiten het weeshuis geweest en waren doodsbang. Ze had een aantal soldaten en een nieuwsploeg van de televisieomroep ABC ingeschakeld om te helpen bij de verzorging van de kinderen tijdens de vlucht. Die vrijwilligers waren allemaal diep ontroerd door de lieve Vietnamese weesjes die de vrijheid tegemoetgingen. Iedere vrijwilliger huilde van vreugde omdat hij duidelijk aan die vrijheid kon bijdragen.
Het charteren van een vliegtuig op de Filippijnen bleek problematisch te zijn. Uiteindelijk moest Betty aan United Airlines 21.000 dollar betalen. Dr Tisdale garandeerde betaling van dat bedrag omdat hij zelf zo van de weesjes hield. Als Betty meer tijd had gehad, zou het wel gratis gekund hebben! Maar tijd was een belangrijke factor, dus liet ze het maar zo.
Binnen een maand na aankomst in de Verenigde Staten was ieder kind geadopteerd. Betty heeft keer op keer bewezen dat je tot alles in staat bent als je maar durft te vragen, geen genoegen neemt met een afwijzing en volhoudt.
Het is zoals dr Tom Dooley ooit eens gezegd heeft: 'Alleen gewone mensen kunnen iets buitengewoons bereiken.'

Jack Canfield en Mark V. Hansen

Kom je me helpen?

In 1989 is bijna heel Armenië verwoest geraakt door een zware aardbeving. Binnen enkele minuten vonden meer dan dertigduizend mensen de dood.
Te midden van volslagen chaos en vernietiging verliet een vader huis en haard om te gaan kijken bij de school waar zijn zoontje moest zijn. Toen hij daar aankwam, kon hij slechts constateren dat het gebouw volkomen was ingestort.
Na de eerste, traumatische schok herinnerde hij zich de belofte die hij zijn zoon ooit had gedaan: 'Wat er ook gebeurt, je kunt altijd op me rekenen.' Bij die gedachte stroomden de tranen uit zijn ogen. Hij keek naar de enorme puinhoop. Het zag er hopeloos uit, maar hij bleef denken aan de belofte aan zijn zoon.
Hij concentreerde zich op de plek waar hij altijd afscheid van zijn zoon nam als hij hem 's morgens naar school bracht. Zo kon hij reconstrueren dat zijn klaslokaal rechts achter in het gebouw moest hebben gelegen. Hij rende ernaartoe en begon in het puin te graven.
Terwijl hij daar stond te graven, arriveerden er ook andere ouders. Iedereen was in paniek en riep om zijn of haar kind. Andere welmenende ouders probeerden hem te laten ophouden met graven.
'Er is niets meer aan te doen,' zeiden ze.
'Ze zijn allemaal dood.'
'Het is te laat.'
'Ga liever naar huis.'
'Kom. Zie de werkelijkheid onder ogen. Er is niets dat je nog kunt doen.'
'Je maakt alles alleen nog maar erger.'
Op elke opmerking had hij maar één antwoord: 'Kom je me helpen?' Waarna hij weer verder ging met het zoeken naar zijn zoon.

De brandweercommandant kwam naar hem toe, en ook hij probeerde hem bij de puinhoop weg te trekken. 'Kom,' zei hij. 'Er ontstaan overal branden en explosies. Je loopt gevaar. Wij zorgen er wel voor. Ga naar huis.' Ook aan hem vroeg deze liefhebbende vader: 'Kom je me helpen?'
Ook de politie probeerde hem weg te sturen. Maar ook aan hen vroeg hij: 'Komen jullie me helpen?' Niemand hielp hem.
Met enorme moed en inspanning ging hij door met graven. Hij wilde het weten: leeft mijn jongen nog of niet?
Hij groef acht uur achter elkaar... twaalf uur... vierentwintig uur... zesendertig uur... en toen, na achtendertig uur graven, trok hij een balk opzij en hoorde hij de stem van zijn zoon. Hij schreeuwde zijn naam: 'Armand!' En toen hoorde hij hem roepen: 'Papa! Ik ben het, papa. Ik heb tegen de andere kinderen al gezegd dat ze zich geen zorgen moesten maken, omdat jij mij zou komen redden, en dat zij dan ook gered zouden worden. Je had het beloofd. Ik zou altijd op je kunnen rekenen, had je gezegd. En je hebt woord gehouden, papa!'
'Hoe gaat het daar met jullie?' vroeg de vader.
'We zijn hier met z'n veertienen, papa, van de drieëndertig. We zijn bang en we hebben honger en dorst. Maar we zijn blij dat je er bent. Toen het gebouw instortte, is er onder een balk een open ruimte ontstaan, waar we gelukkig net in zaten.'
'Kom er nu maar uit, jongen.'
'Nee, papa! Laat de andere kinderen er eerst maar uit, want ik weet dat jij me altijd zult komen halen! Wat er ook gebeurt, ik weet dat ik op jou kan rekenen!'

Mark V. Hansen

Nog één keer dan

Er bestaat een negentiende-eeuwse Engelse roman, die in een dorpje in Wales speelt waar de mensen de afgelopen vijfhonderd jaar elk jaar op kerstavond in de kerk bij elkaar komen om te bidden. Kort voor middernacht steken ze kaarsen aan en zingen ze kerstliederen en psalmen, waarna ze langs een pad een aantal kilometers lopen naar een oude, verlaten schuur. Daar richten ze dan een kerststal in, compleet met een kribbe. Devoot knielen ze daarvoor neer om te bidden. Hun gezang verwarmt de koude decemberlucht. Iedere inwoner van het plaatsje die kan lopen, is erbij.
In het plaatsje gaat het oude verhaal rond dat de Messias voor de tweede keer zal verschijnen als alle inwoners daar op kerstavond aanwezig zijn en met een groot geloof bidden. Vijfhonderd jaar doen ze dat nu al, maar de Messias is desondanks niet gekomen. Een van de hoofdrolspelers in het verhaal wordt de volgende vraag gesteld: 'Geloof jij dat Hij met Kerstmis naar ons toe zal komen?'
'Nee,' antwoordt hij met een bedroefde uitdrukking op zijn gezicht. 'Nee, daar geloof ik niet in.'
'Maar waarom ga je er elk jaar dan weer naartoe?' was de volgende vraag.
'Nou,' zei de man, 'stel je voor dat ik de enige afwezige zou zijn als het wel gebeurde!'
Een klein geloof, zou je zeggen. Maar toch, wél een geloof. In het Nieuwe Testament staat dat we maar een geloof zo klein als een mosterdzaadje hoeven te hebben om in het Koninkrijk der Hemelen te komen. En soms, bijvoorbeeld als we te maken hebben met achterlijke kinderen, kleine crimineeltjes, mensen die elkaar mishandelen of aan de drank zijn, mensen wier partner zelfmoord heeft gepleegd, vrienden, cliënten van ons... juist dan, op

die momenten, hebben we zo'n klein geloof nodig zoals die man dat had die elk jaar op kerstavond maar weer naar die oude schuur ging. Nog één keer dan. Deze keer dan nog; misschien lukt het deze keer.
Soms krijgen we te maken met mensen die door anderen allang zijn opgegeven. Misschien zijn we zelfs al wel tot de conclusie gekomen dat er geen mogelijkheden voor groei of verandering meer aanwezig zijn. Maar juist op zo'n moment kunnen we misschien, als we een mosterdzaadje hoop vinden, iemand redden die het waard is gered te worden. Probeer het nog één keer, beste vriend. Nog één keer dan.

Hanoch McCarty

Luister naar mensen die het gemaakt hebben

Er zijn veel mensen die olympisch kampioen zouden kunnen zijn. Allerlei mensen die het nooit geprobeerd hebben. Ik schat dat er zo'n vijf miljoen mensen zijn die mij hadden kunnen verslaan met polsstokhoogspringen. Minstens vijf miljoen! Mannen die sterker, groter en sneller zijn dan ik hadden het kunnen zijn. Maar zij hebben nooit een polsstok opgepakt, zij hebben nooit pogingen gedaan van de grond te komen en over de barrière te springen.
En het leuke is dat mensen die geslaagd zijn in iets, daar altijd graag over willen praten. En niet alleen sportlui. Zo zijn de allerbeste vertegenwoordigers bijvoorbeeld graag bereid jonge mensen te laten zien hoe zij het gedaan hebben.
Ik zal nooit de keer vergeten dat ik bezig was te proberen het record van Dutch Warmer Dam te breken. Mijn persoonlijke record lag ongeveer dertig centimeter onder het zijne, dus toen heb ik hem maar eens opgebeld. Ik heb hem gevraagd: 'Dutch, kun je me helpen? Het lukt me niet. Ik kom niet hoger.'
Hij zei: 'Maar natuurlijk, Bob. Kom maar eens bij me langs. Dan zal ik je laten zien hoe ik het doe.' Toen heb ik drie dagen bij de kampioen doorgebracht, de beste polsstokhoogspringer ter wereld. Drie dagen lang heeft Dutch me alles getoond wat hij wist. En de dingen die ik verkeerd deed, heeft hij gecorrigeerd. Om een lang verhaal kort te maken, mijn persoonlijke record ging met zestien centimeter omhoog. De kampioen had me het beste gegeven dat hij in huis had. En het is mijn ervaring dat topsporters en anderen je altijd graag willen helpen als je zelf ergens goed in wilt worden.
John Wooden, de beroemde basketballtrainer, huldigt het principe dat hij elke dag iemand moet helpen die hem dat nooit zal kunnen vergoeden. Dat ziet hij als zijn plicht.
Toen de voetballer George Allen voor zijn doctoraalscriptie een

vragenformulier opstuurde aan de beroemdste trainers in het land, kreeg hij van vijfentachtig procent van hen een ingevuld formulier terug.

Beroemde mensen zijn altijd bereid anderen te adviseren, waardoor George Allen uiteindelijk een van de beroemdste trainers ter wereld is geworden. Beroemde mensen zijn bereid hun geheimen met anderen te delen. Zoek hen op. Bel hen. Of koop de boeken die ze geschreven hebben. Probeer met hen in contact te komen en met hen te praten. Het is makkelijk om kampioen te worden als je kampioenen in je omgeving hebt.

Bob Richards
Olympisch atleet

7

WIJSHEID UIT VERSCHILLENDE BRONNEN

Dit leven is een test.
Niet meer dan een test.
Als het echt leven was geweest,
zou je namelijk meer instructies hebben ontvangen
over wat je moest doen.

Tekst op een prikbord

Afgesproken!

Toen Marita dertien was, leefden we in de tijd van de beschilderde T-shirts en afgeknipte spijkerbroeken. Hoewel ik in de crisisjaren was opgegroeid en toen geen geld had gehad om kleren te kopen, had ik er nooit zo armelijk uitgezien. Op een dag zag ik dat ze buiten bezig was haar nieuwe spijkerbroek te mishandelen met stenen en over de grond te trekken. Ik was verbijsterd dat ze de broek die ik net voor haar gekocht had zo aan het ruïneren was en rende naar buiten om haar dat te zeggen. Maar ze ging gewoon door terwijl ik het overbekende verhaal van mijn jeugd in een arm milieu maar weer eens van stal haalde. Toen ik mijn verhaal beëindigde zonder dat ik haar tot tranen toe had kunnen bewegen, vroeg ik waarom ze dat deed. Zonder op te kijken antwoordde ze: 'Ik kan toch geen nieuwe broek aandoen?'
'Maar waarom dan niet?'
'Dat kan gewoon niet. Daarom maak ik hem vies. Zodat hij er niet meer nieuw uitziet.' Een totale afwezigheid van iedere logica! Hoe was het mogelijk dat het mode was om nieuwe kleren smerig te maken?
Elke ochtend als ze op het punt stond om naar school te gaan, keek ik naar haar en verzuchtte ik bij mezelf: 'Dat is nou mijn dochter!' Dan stond ze daar in haar vaders oude T-shirt, gebleekt en met grote blauwe vlekken en vegen. Alleen nog maar geschikt als werkkleding. En dan die spijkerbroek... zo laag op haar heupen dat ik bang was dat hij bij het minste of geringste van haar kont zou zakken. Maar dat kon natuurlijk niet, daarvoor zat hij veel te strak. De rafelrand van de pijpen sleepte achter haar aan. Toen ze op een dag de deur uit was naar school leek het wel alsof de Heer zich met me bemoeide en me vroeg: 'Weet je wel wat je elke ochtend tegen Marita zegt? "Dat is nou mijn dochter!" Als ze op school is en met haar vriendinnen praat, hoe denk je dan

dat die meiden over hun ouderwetse moeders praten? Heb je ooit gekeken hoe de andere meisjes op haar school eruitzien? Waarom ga je niet eens kijken?'
Die dag ben ik naar haar school gereden om haar af te halen en toen zag ik dat veel meisjes er zelfs nog slordiger uitzagen. Op weg naar huis heb ik toen gezegd dat het me speet dat ik zo'n drukte had gemaakt over wat ze met haar spijkerbroek had gedaan. Ik heb haar een compromis voorgesteld: 'Van nu af aan kun je dragen wat je wilt als je naar school gaat of als je met je vriendinnen bent. Ik zal er niet meer over zeuren.'
'Dat lijkt me prima.'
'Maar als je met mij uit bent, naar de kerk, of als we aan het winkelen zijn, wil ik dat je iets aantrekt waarin ik je graag zie, en dat zonder dat ik er een woord over hoef te zeggen.'
Daar moest ze even over nadenken.
Ik voegde er nog aan toe: 'Dat betekent dat je vijfennegentig procent van de tijd je eigen zin kunt doen en vijf procent van de tijd doet wat ik wil. Wat vind je ervan?'
Er verscheen een lichtje in haar ogen toen ze haar hand uitstak en de mijne schudde. 'Afgesproken, mam!'
Vanaf dat moment zwaaide ik haar 's morgens vriendelijk uit en zeurde ik verder niet over haar kleding. En als ze met mij uit was, was ze steeds goed gekleed zonder dat ik daar iets over hoefde te zeggen. We hadden een prima afspraak gemaakt!

Florence Littauer

Neem even de tijd om goed op te letten

We kennen allemaal de uitdrukking: 'Rustig aan, dan breekt het lijntje niet.' Maar hoe vaak nemen we echt de tijd om ons hectische, jachtige bestaan achter ons te laten en de wereld om ons heen met wat meer rust te benaderen? Maar al te vaak zitten we vast in onze overvolle schema's, denken we al vooruit aan onze volgende afspraak, aan het verkeer of aan het leven in het algemeen, en kunnen we maar moeilijk beseffen dat er nog mensen om ons heen zijn.

Ik ben zelf geen uitzondering, zeker niet als ik over de overvolle wegen van Californië rijd. Laatst maakte ik iets mee waardoor het me duidelijk werd dat ik in mijn eigen kleine wereldje opgesloten zit en ik me niet meer bewust ben van de wereld om me heen.

Ik was op weg naar een zakelijke afspraak en zat, zoals gebruikelijk, al te bedenken wat ik zou gaan zeggen. Op een gegeven moment kwam ik bij een druk kruispunt waar de verkeerslichten net op rood waren gesprongen. Weet je wat? dacht ik. Als ze nu op groen springen, dan neem ik een sprint, zodat ik bij de volgende lichten niet weer opnieuw zal hoeven te stoppen.

Mijn auto en ik stonden in de startblokken, maar ik werd uit mijn trance opgeschrikt door een onvergetelijke aanblik. Over het kruispunt liep een jong stel – allebei blind – arm in arm tussen het voorbijrazende verkeer door. De man had een klein jongetje aan de hand, terwijl de vrouw een draagdoek tegen haar borst geklemd had waarin kennelijk een baby lag. Allebei hielden ze een witte stok voor zich uit waarmee ze zich tastend een weg over het kruispunt baanden.

Eerst ontroerde het tafereel me. Ze leden aan een van de meest gevreesde handicaps: blindheid. Wat zou het erg zijn om blind te zijn, dacht ik bij mezelf. Maar die gedachte werd het volgende

ogenblik al weggevaagd toen ik me met schrik realiseerde dat ze het kruispunt niet volgens de verkeersregel overstaken, maar diagonaal naar het midden ervan liepen. Ze hadden het niet in de gaten, maar ze liepen rechtstreeks op het hen tegemoetkomende verkeer af. Ik schrok omdat ik niet zeker wist of de andere automobilisten wel begrepen wat er gebeurde.
Terwijl ik vooraan in de file zat toe te kijken (ik zat eerste rang), zag ik hoe er voor mijn ogen een wonder gebeurde. Alle auto's op het kruispunt kwamen tegelijkertijd tot stilstand. Ik hoorde geen gepiep van remmen en geen getoeter. Niemand riep: 'Rot op!' Alles kwam tot stilstand. Op dat ogenblik leek de tijd zelf tot stilstand gekomen voor dit gezin.
Verbijsterd keek ik om me heen om te zien of de andere automobilisten hetzelfde zagen als ik, en ik constateerde inderdaad dat ieders blik op het stel gericht was. De man in de auto naast me kwam ineens in beweging. Hij stak zijn hoofd uit het raampje en riep: 'Naar rechts! Naar rechts!' Toen begonnen ook anderen als uit één mond te roepen: 'Naar rechts! Naar rechts!'
Het gezin stelde zijn koers bij en liep door. Op de tast en met behulp van de aanwijzingen van de bezorgde omstanders vonden ze hun weg naar de andere kant van de straat. En toen ze daar aankwamen viel het me op dat ze nog steeds gearmd liepen.
Ik wist niet goed wat ik moest denken van hun uitdrukkingsloze gezichten en dacht dat ze geen idee hadden van wat zich in werkelijkheid om hen heen had afgespeeld. Wel voelde ik onmiddellijk aan dat iedereen die op het kruispunt was blijven stilstaan een zucht van verlichting slaakte.
Toen ik opzij keek zag ik de man naast me een gebaar maken alsof hij zeggen wilde: 'Pfff, zag je dat?' Aan de andere kant hoorde ik iemand zeggen: 'Het is niet te geloven!' Ik denk dat we allemaal diep geroerd waren door datgene waarvan we zojuist getuige waren geweest. Hier waren een aantal meestal jakkerende automobilisten rustig blijven staan om vier mensen in een precaire situatie te helpen.
Ik heb naderhand nog vaak aan die situatie teruggedacht en ik heb er enkele belangrijke lessen uit geleerd. De eerste is: laat de boog niet altijd gespannen zijn en kijk eens wat vaker om je heen (wat ik tot dan toe veel te weinig gedaan had). Neem de tijd om eens om je heen te kijken en te zien wat zich in de realiteit af-

speelt. Als je dat doet, besef je dat dit moment het enige is dat bestaat. Sterker nog, dat dit moment het enige is dat er voor jou toe doet.

De tweede les die ik geleerd heb is dat we de doelen die we onszelf stellen, kunnen bereiken door te vertrouwen op onszelf en op anderen, ondanks de op het eerste gezicht ogenschijnlijk onoverkomelijke hindernissen.

Het doel van het blinde stel was gewoon om heelhuids aan de overkant van de straat te komen. Het obstakel werd voor hen gevormd door acht rijen auto's die hun kant op dreigden te komen. Maar zonder paniek of twijfel zijn ze gewoon doorgelopen totdat ze hun doel bereikt hadden.

Ook wij kunnen recht op onze doelen afgaan en de obstakels die we op weg daarnaartoe tegenkomen negeren. We hoeven alleen maar op onze intuïtie af te gaan en te vertrouwen op de begeleiding van anderen, die misschien meer inzicht hebben.

En ten slotte heb ik geleerd het feit dat ik kan zien als een grote gave te beschouwen. Het is iets wat we maar al te vaak als vanzelfsprekend zien. Kun je je voorstellen hoe anders het leven zou zijn als je niet kon zien? Probeer het je maar eens even in te denken: een druk kruispunt oversteken zonder te kunnen zien. Hoe vaak verliezen we de grote zegeningen die ons ten deel zijn gevallen niet uit het oog!

Terwijl ik wegreed en zelf het drukke kruispunt overstak deed ik dat met meer bewustzijn van leven en de zorg voor anderen dan tevoren. Sindsdien heb ik besloten dat ik meer wil zien terwijl ik me bezighoud met mijn dagelijkse beslommeringen en dat ik mijn door God gegeven talenten wil gebruiken om anderen te helpen die het minder goed hebben getroffen dan ik.

Doe eens iets goeds voor jezelf op je levenspad: neem de tijd om werkelijk om je heen te kijken wat er gebeurt, nu, op de plek waar je je nu bevindt. Misschien mis je iets heel bijzonders.

J. Michael Thomas

Als ik mijn leven mocht overdoen

Uit gesprekken met oude en stervende mensen blijkt niet dat de mensen spijt hebben van de dingen die ze hebben gedaan, maar dat ze meer spreken over de dingen waarvan ze spijt hebben dat ze ze hebben nagelaten.

Ik zou de volgende keer meer vergissingen durven maken.
Ik zou meer ontspannen leven.
Ik zou wat minder nadenken dan ik deze keer heb gedaan.
Ik zou de dingen wat minder serieus nemen.
Ik zou meer risico's nemen.
Ik zou vaker met vakantie gaan.
Ik zou meer bergen beklimmen.
Ik zou meer ijs eten en minder bonen.
Ik zou misschien meer echte problemen hebben, maar minder zelfbedachte.
Ach, weet je, ik ben een van die mensen die verstandig leven, uur na uur, dag na dag.
Ach, ik heb mijn mooie momenten gekend, en als ik het mocht overdoen, zou ik misschien meer mooie momenten kennen. Daar komt het wel op aan. Op de momenten.
Moment na moment beleven, in plaats van steeds maar aan de dag van morgen te denken.

Ik was altijd een van die mensen die nooit ergens heen gaan zonder een thermometer, een warmwaterkruik, een regenjas en een parachute mee te nemen.
Als ik het mocht overdoen, zou ik met minder ballast reizen.

Als ik mijn leven mocht overdoen, zou ik in de lente vroeger beginnen op blote voeten te lopen en dat in de herfst langer proberen vol te houden.
Ik zou meer uit dansen gaan.
Ik zou meer in draaimolens zitten.
Ik zou meer madeliefjes plukken.

Nadine Stair
(85 jaar)

Twee monniken

Twee monniken die een pelgrimstocht maakten, kwamen bij een doorwaadbare plaats in een rivier. Daar zagen ze een prachtig en rijk gekleed meisje staan aarzelen om de gezwollen rivier over te steken. Ze zou haar fraaie kleren dan zeker bederven. Zonder veel plichtplegingen nam een van de monniken haar op zijn rug en zette haar aan de overkant op het droge.
Daarna liepen de monniken door. De tweede monnik begon na een uur echter te mopperen op zijn metgezel. 'Je weet toch dat je een vrouw niet mag aanraken. Het is tegen de geloften die we hebben afgelegd. Hoe kon je dat nou doen?'
De monnik die het meisje de rivier over had gedragen, liep zwijgend door, maar merkte na een tijdje op: 'Ik heb dat meisje een uur geleden aan de waterkant achtergelaten, maar jij schijnt haar nog steeds met je mee te dragen.'

Irmgard Schloegl
The Wisdom of Zen Masters

Sachi

Al snel nadat haar broertje geboren was, vroeg de kleine Sachi haar ouders haar alleen te laten met de nieuwe baby. Ze waren bezorgd dat ze, zoals dat gaat bij kinderen van vier, jaloers zou zijn en hem zou willen slaan of op een andere manier pijn doen, dus ze stonden het niet toe. Ze leek echter helemaal niet jaloers; ze was heel lief tegen het kindje en ging steeds vaker vragen om met hem alleen gelaten te worden. Ten slotte besloten ze het haar toe te staan.
Uitgelaten liep ze de kamer van de baby in en deed de deur dicht. Haar nieuwsgierige ouders openden hem echter weer op een kier om te zien wat ze deed. Ze zagen de kleine Sachi naar haar kleine broertje lopen en hoorden haar vragen: 'Zeg broertje, vertel me eens hoe God eruitziet. Ik begin het een beetje te vergeten.'

Dan Millman

Het geschenk van de dolfijn

Ik was in zee aan het duiken. Het water was een meter of tien diep en ik was alleen. Ik wist wel dat ik er verkeerd aan had gedaan om daar alleen het water in te gaan, maar ik kon goed zwemmen en vond dat ik het risico wel kon nemen. Er was niet veel stroming en het water was warm, helder en lekker. Toen ik kramp kreeg realiseerde ik me meteen hoe dom ik was geweest. Ik maakte me niet al te veel zorgen, maar ik lag zowat dubbel van de kramp in mijn maag. Ik probeerde mijn loden ceintuur af te doen, maar dat lukte me niet. Ik zonk steeds verder naar beneden en werd steeds banger. Ik zag op mijn horloge dat ik niet veel lucht meer in mijn cilinder had. Ik probeerde mijn maag te masseren. Ik had geen duikerpak aan, maar ik kon me niet strekken om bij mijn verkrampte spieren te komen.
Ik dacht bij mezelf: Ik kan er toch niet zomaar tussenuit? Ik heb nog zoveel te doen! Ik kan toch niet zomaar dood gaan, zo anoniem, zonder dat iemand weet wat er met me gebeurt. In gedachten riep ik uit: 'Laat iemand me helpen. Help!'
Op wat er toen gebeurde was ik niet voorbereid. Plotseling voelde ik dat er van achteren tegen me aan werd geduwd. Ik dacht: O, nee! Haaien! Ik was doodsbang. Maar mijn arm werd met kracht omhooggeduwd. In mijn blikveld verscheen een oog, het mooiste oog dat ik me maar kon voorstellen. Ik durf te zweren dat het naar me glimlachte. Het was het oog van een grote dolfijn. Het keek mij aan. En ik wist dat ik veilig was.
Het dier bewoog zich verder naar voren en haakte zijn rugvin achter mijn arm. Ik ontspande me en omarmde het beest opgelucht. Ik voelde dat het dier zijn geruststelling op me overdroeg, dat het me genas terwijl het me naar boven bracht. Mijn maagkrampen gingen over terwijl we naar de oppervlakte dreven.
Toen we eenmaal boven waren gekomen, sleepte de dolfijn me

helemaal naar het strand. Het water werd daar zo ondiep dat ik bang werd dat hij niet meer terug zou kunnen zwemmen. Ik duwde hem een eindje terug. Hij bleef even liggen wachten. Ik denk om te kijken of alles met mij in orde was.

Ik had het gevoel dat me een nieuw leven geschonken was. Nadat ik de ceintuur en de zuurstoftank had afgedaan, deed ik ook de rest van mijn kleren uit en zwom ik naakt de oceaan in. Ik voelde me licht en vrij en wilde met de dolfijn spelen in de onmetelijke vrijheid van het uitgestrekte water. Hij nam me mee naar dieper water, waar we een tijdje samen speelden. Verderop in zee zag ik meer dolfijnen zwemmen.

Na verloop van tijd bracht het dier me weer terug naar het strand. Ik was doodop en kon bijna niet meer. Hij bracht me weer helemaal terug naar ondiep water. Toen draaide hij zich op zijn zij en keek me met één oog aan. Zo staarden we lange tijd naar elkaar. Allerlei gedachten uit het verleden kwamen bij me op. Toen maakte hij een geluidje, draaide zich om en zwom naar de andere dolfijnen toe, waarna ze allemaal vertrokken.

Elizabeth Gawain

De hand van de Meester

Hij zag er gehavend en bekrast uit.
De veilingmeester vond het eigenlijk niet de moeite waard veel tijd te besteden aan de oude viool, maar hij hield hem met een glimlach omhoog.
'Wat biedt u, beste mensen? Wat hoor ik?' riep hij.
'Wie doet me een openingsbod?'
'Een dollar, een dollar. Twee dollar. Maar twee dollar?'
'Twee dollar. Wie maakt er drie van?'
'Voor drie dollar dan... Eenmaal, andermaal...'
Maar nee. Van achter uit de zaal kwam een oude, grijze man naar voren lopen die de strijkstok pakte. Hij veegde het stof van de viool en draaide de loszittende snaren vast.
Toen speelde hij een melodie zo puur en lieflijk dat het leek alsof de engelen zongen.

Toen hield de muziek op en vroeg de veilingmeester met zachte stem:
'Wat hoor ik? Wie biedt er wat voor deze oude viool?'
Samen met de strijkstok hield hij hem omhoog.
'Duizend dollar. Wie maakt er twee van?'
'Tweeduizend dollar. Wie maakt er drie van?'
'Drieduizend dollar! Eenmaal, andermaal... verkocht!'
De mensen juichten, maar sommigen riep:
'We begrijpen niet waarom hij nu ineens veel meer waard is.'
Het antwoord kwam snel: 'Door de hand van de Meester.'

Zo wordt menige oude man, wiens leven vals is gaan klinken,
gehavend en bekrast door een bandeloos leven
goedkoop ter veiling aangeboden aan een onverschillig publiek.
Hij lijkt op de oude viool.

Eenmaal, andermaal... verkocht!
Maar dan verschijnt de Meester. De domme massa begrijpt nooit precies wat er verandert en hoe de waarde van de ziel omhoogschiet
door de hand van de Meester.

Myra B. Welch

Lijst van medewerkers

Wally Amos is de grondlegger van *Famous Amos Cookies* en schrijver van het boek *The Power... in You*. Wally woont op Hawaii.

Joe Batten is zakenman en een spreker die weet hoe hij organisaties vertrouwen in moet spreken, Hij treedt al vijfendertig jaar op als schrijver, organisatie-adviseur en gastspreker. Joe heeft een bestseller geschreven onder de titel *Tough Minded Management*. Joe houdt van het leven en van de gulle lach. Die warmte weet hij ook goed over te dragen op zijn gehoor.

Gene Bedley is hoofdonderwijzer op de El Rancho -lagere- school in Irvine, Californië. Hij is in 1985 door de PTA uitgeroepen tot onderwijzer van het jaar. Hij heeft talloze boeken geschreven over het creëren van een positieve atmosfeer in de klas.

Michele Borba is een begenadigd schrijfster over het ontwikkelen van zelfvertrouwen bij leerlingen. Ze maakt deel uit van de raad van toezicht van de National Council for Self-Esteem. Haar beste boek is *Esteem Builders*, een verzameling lesprogramma's.

Helice Bridges is een erkend en dynamisch spreekster en trainer, die over de hele wereld workshops en trainingen geeft voor scholen, organisaties en bedrijven.

Les Brown is een veelgeroemd spreker die vaak spreekt voor de vijfhonderd grootste bedrijven ter wereld en overal in de VS persoonlijke en professionele werkgroepen leidt. Ook via de televisie is hij vaak te zien.

Dan Clark houdt inleidingen voor middelbare scholen, ouders en instellingen.

Alan Cohen is een erkend en dynamisch spreker en schrijver. Ons favoriete boek van hem is *The Dragon Doesn't Live Here Anymore*.

Roger Crawford is een dynamisch spreker. Zijn boek heet *Playing From The Heart*.

Stan Dale is oprichter/directeur van het Human Awareness Institute in San Mateo, Californië, een organisatie die zich ten doel stelt 'een wereld te scheppen waarin iedereen wint'. Hij houdt workshops over *Seks, liefde en intimiteit* over de gehele wereld. Stan is de auteur van *Fantasies Can Set You Free* en *My Child, My Self: How To Raise The Child You Always Wanted To Be*.

Burt Dubin heeft het Speaking Success System bedacht, een programma om mensen te leren spreken in het openbaar. Hij is marketingspecialist en weet zijn vaardigheden goed over te dragen tijdens zijn workshops.

Patricia Fripp spreekt over van alles. Zij is voorzitster geweest van de National Speakers Association en is een van de meest dynamische spreeksters die wij kennen.

Bobbie Gee geldt als de een van beste spreeksters van de hele VS. Ze is de schrijfster van het boek *Winning the Image Game*.

Rick Gelinas is voorzitter van de raad van bestuur van de Lucky Acorns Delphi Foundation in Miami, Florida. Hij wijdt zijn leven aan het opvoeden van kinderen.

John Goddard is avonturier, ontdekkingsreiziger en een spreker van wereldklasse.

Patti Hansen is de vrouw van Mark en administratief directeur van Look Who's Talking.

Danielle Kennedy is een gevierd schrijfster en trainer van vertegenwoordigers. Ze is afgestudeerd in de menswetenschappen aan Clarke University en heeft een doctoraal schrijven aan de University of Southern California. Ze houdt in meer dan honderd steden per jaar lezingen over verkopen, marketing en leidinggeven. Ze heeft een aantal bestsellers geschreven, waaronder: *How To List And Sell Real Estate in The 90's* en *Kennedy on Doubling Your Income In Real Estate Sales*. Ze is getrouwd en heeft acht kinderen.

Florence Littauer is een van de meest fantastische mensen die we kennen. Ze is een inspirerend schrijfster en lerares. Ons favoriete boek van haar is *Little Silver Boxes*.

Rick Little heeft de afgelopen zestien jaar veel gedaan om de sociale en economische omstandigheden van kinderen te verbeteren. In 1975 heeft hij Quest International opgericht, waarvan hij vijftien jaar directeur is geweest. Little heeft in samenwerking met internationaal bekende autoriteiten boeken geschreven. In 1990 heeft hij de International Youth Foundation opgericht met steun van de Kellogg Foundation. Hij treedt nu op als secretaris-generaal van de International Youth Foundation, waarvan het doel is lesprogramma's voor de jeugd te steunen waarmee succes is behaald. De Foundation richt zijn activiteiten momenteel op Zuid-Afrika, Polen, Ecuador, Mexico, Bangladesh, Thailand en de Filippijnen.

Hanoch McCarty is beroepsspreker, trainer en organisatie-adviseur, gespecialiseerd in het verbeteren van motivatie, produktiviteit en zelfbewustzijn. Hanoch is een van de meest gevraagde sprekers in het land, omdat hij humor combineert met ontroerende verhalen en praktische informatie over vaardigheden die meteen toegepast kunnen worden.

Dan Millman is schrijver van talloze boeken over succes. Hij was wereldkampioen turnen, trainer en professor, die uit teleurstelling over het gewone leven is gaan reizen en de diepten van de ziel en het menselijk hart heeft doorvorst. Hij heeft een levensbenadering gevonden die hij de 'weg van de vredige krijger' noemt.

W. Mitchell is een van de meest inspirerende sprekers die we ooit hebben ontmoet. Zijn programma heet *It's Not What Happens To You, It's What You Do About It*.

Robert A. Moawad is voorzitter en directeur van het Edge Learning Institute, dat kantoren heeft in Tacoma, Washington en Tempe, Arizona. Bob is een van de meest gevraagde sprekers in het land. Sinds 1973 heeft hij meer dan twee miljoen mensen geholpen, waaronder sommige van de meest geziene leiders van ondernemingen.

Chick Moorman is directeur van het Institute for Personal Power, een organisatie-adviesbureau dat lesprogramma's van hoge kwaliteit ontwikkelt. Elk jaar reist hij het land door om meer dan honderd werkgroepen te leiden over samen leren, verbetering van het zelfbewustzijn en het ontwikkelen van een positieve instelling. Hij ziet het als zijn taak mensen te helpen een grotere invloed op hun eigen leven te ontwikkelen zodat zij op hun beurt weer anderen kunnen stimuleren.

Victor H. Nelson is therapeut en pastoraal werker en heeft een privépraktijk.

Price Pritchett studeerde psychologie en was vroeger directeur van de Dallas Psychological Association. Hij is organisatie-adviseur en auteur van elf boeken over individuele en collectieve effectiviteit, waaronder: *You:^{2}, A High Velocity Formula For Multiplying Your Personal Effectiveness In Quantum Leaps*.

Bobbie Probstein is schrijfster en fotografe. Haar boek, *Healing Now*, wordt algemeen geprezen en is van onschatbare waarde voor iedereen die te maken heeft met ziekte of die een operatie moet ondergaan. Haar eerste boek, een autobiografie onder de titel *Return To Center*, is aan zijn derde druk toe.

Bob Proctor is directeur van Bob Proctor Seminars en de oprichter van het Million Dollar Forum in Ontario, Canada. Bob is de auteur van *You Were Born Rich* en leidt seminars over de hele wereld waarin hij de mensen in staat probeert te stellen het leven te gaan leiden waarvan ze altijd gedroomd hebben.

Nido Qubein was directeur van de National Speakers Association en is een begaafd spreker over verkooptechnieken, management en marketing. Hij heeft veel boeken geschreven, waaronder: *Get The Best From Yourself, Communicate Like A Pro* en *Professional Selling Techniques*.

Anthony Robbins wordt algemeen erkend als vooraanstaand figuur op het terrein van training in persoonlijke ontwikkeling. Hij is auteur van twee bestsellers: *Unlimited Power* en *Awaken The Giant Within: How To Take Immediate Control Of Your Mental, Emotional, Physical and Financial Destiny!* In de afgelopen tien jaar hebben meer dan een miljoen mensen baat gehad bij zijn werkgroepen, tapes, video's en boeken. Hij heeft negen bedrijven opgericht en is organisatie-adviseur geweest bij talloze bedrijven en bij de overheid, zowel in de VS als in het buitenland. Hij is filantroop en oprichter van de Anthony Robbins Foundation.

Pamela Rogers heeft in 1990 haar doctoraal opvoedkunde behaald aan de Universiteit van Pennsylvania. Ze geeft les als onderwijzeres.

Glenna Salsbury is afgestudeerd aan Northwestern University in Evanston, Illinois en heeft zestien jaar daarna haar doctoraal theologie gehaald aan Fuller Seminary. In 1990 is Glenna voor zichzelf begonnen. Ze leidt workshops persoonlijke groei. Glenna is getrouwd met Jim Salsbury. Samen hebben ze drie dochters.

Jack Schlatter was vroeger leraar en tegenwoordig trainer persoonlijke groei.

Lee Shapiro was vroeger officier van justitie en rechter, maar verliet de rechterlijke macht omdat hij nooit een staande ovatie kreeg van een jury! Tegenwoordig is hij spreker en hoogleraar en is hij gespecialiseerd in ethiek in het bedrijfsleven.

Frank Siccone is directeur van het Siccone Institute in San Francisco. Hij is adviseur bij talloze scholen en bedrijven en heeft veel boeken geschreven, waaronder: *Responsibility: The Most Basic R and 101 Ways To Develop Student Self-Esteem And Responsibility.*

Cindy Spitzer is free-lance schrijfster. Zij heeft ons geholpen bij de moeilijkste en meest ingewikkelde verhalen.

Jeffrey Michael Thomas is regionaal directeur van Van Kampen Merritt, een beleggingsfirma. Hij is lid van de National Speakers Association en spreekt over een aantal onderwerpen, variërend van financieel management tot liefdadigheid.

Pamela Truax is de schrijfster van *Small Business Pitfalls and Bridges*.

Francis Xavier Trujillo is oprichter en directeur van Pro Teach Publications, een firma die zich specialiseert in de ontwikkeling en produktie van posters, kaarten en andere materialen voor onderwijsdoeleinden.

Dottie Walters is directeur van het Walters International Speaking Bureau in Californië. Ze doet veel presentatietrainingen. Ze heeft, samen met haar dochter Lily, een boek geschreven onder de titel *Speak And Grow Rich*, en is oprichtster en administratrice van de International Group of Agents and Bureaus.

Bettie Youngs is directeur van Instruction and Professional Development Inc. Zij is in de staat Iowa ooit onderwijzeres van het jaar geweest en is tegenwoordig hoogleraar in San Diego en directeur van de Phoenix Foundation. Ze heeft veertien boeken geschreven, waaronder: *The Educator's Self-Esteem: It's Criteria #1, The Vital 6 Ingredients Of Self-Esteem And How To Develop Them In Students* en *Safeguarding Your Teenager From The Dragons Of Life*.

De auteurs

Jack Canfield is directeur van Self-Esteem Seminars en The Canfield Training Group, een bedrijf dat trainingen verzorgt om individuen en organisaties ertoe te brengen dat zij functioneren in overeenstemming met hun hoogste doelen en aspiraties. Jack verzorgt trainingen aan huis bij bedrijven, overheidsinstellingen en scholen en leidt workshops voor individuele deelnemers. Hij is ook een graag geziene gastspreker op conferenties en congressen. Daarnaast heeft hij een groot aantal boeken geschreven en tapes en video's gemaakt.

Mark Victor Hansen wordt door zijn cliënten Amerika's topmotivator genoemd. Grote bedrijven maken al achttien jaar gebruik van Marks brede talenten en vaardigheden op het gebied van verkooptechnieken en persoonlijke groei. Mark reist per jaar 400.000 kilometer om in meer dan 200 lezingen mensen over de gehele wereld te inspireren om voor zichzelf een krachtiger en positiever toekomstbeeld te scheppen. Mark heeft ettelijke boeken geschreven en een hele bibliotheek vol cassettebandjes en video's geproduceerd waarmee mensen hun verborgen talenten kunnen leren gebruiken in de zakelijke en persoonlijke sfeer. Mark is een grote man met een groot hart en een grote geest, een inspiratie voor ieder die aan zichzelf wil werken.